凄腕ディーラーの戦い方

億を稼ぐトレーダーたちⅡ

Tomoyuki Hayashi
林 知之

本書は、原則として、インタビュー当時の情報に基づいています。
また、投資の判断は自分自身の責任において行ってください。

はじめに

良書を見極めるポイント

本書の特長、そして読み方を示す前に、一般的な相場書籍について物申したい。競争である以上、「売れる本」を作るべく努力しなければならない。タイトルや装丁で目を引こうと努めるのも当然だ。とはいえ、行きすぎた商業主義が目につく。

効率を求めるのが資本主義の命題だが、〝何もせずにラクして儲ける〟ことしか考えない投資家に、安易に迎合していないか――。

「1日30分」という本があれば、次に「1日10分」という本が出版される。その上をいこうと「1日5分」とうたった本が出れば、「1日1分」という本が登場する。まずは気づいてもらうこと、次に手に取ってもらうこと、まえがきや目次に目を通してもらうこと……こういったプロセスなしでは買ってもらえない、主張を聞いてもらうことはできないのだが、ハレンチと評するしかない売り方に世の中全体が傾いているのではないかと感じてしまう。

日々の仕事を抱える個人投資家は、時間が限られている。だが、「何分を選ぶか」ではなく、タイトルと主張を落ち着いて見比べながら内容を吟味し、自分に有益な本を選択してほしい。

1日の中でトレードに費やす時間を示した本が、すべていいかげんだという意味ではない。上っ面の見栄えだけを競う、姑息な情報のデコレーションには気をつけてほしいというだけだ。

続いて、オトナに共通する錯覚、ありがちな落とし穴について述べたい。

相場書籍は「手法」に関するものが多い。誰だって、具体的なやり方、儲け方を知りたいのだから当たり前だ。しかし、「手法とは何か」という疑問に正面から向き合ってもらいたいのだ。

どんな分野でも、プロとアマチュアでは視点が大きく異なる。トレードの世界で代表的なものを挙げるならば、「予測とは何か」である。「予測が当たれば儲かる」と考える向きが圧倒的多数だと思うが、プロはそう考えない。本書に登場する沼田武氏は、次のように述べる。

「勝率は、50％を超える必要がないと考えています。相場の本質は『当てること』ではなく、『根拠のある売買をすること』だからです」

トレードは、スポーツなどのように、始まりと終わりが決まっていない。好きなときに始めて、好きなときに終わりにすることができる。だから、「はい当たりです」と一定の金額を受け取るのではなく、予測が当たったあと具体的にどう終わらせるか、途中で何をするか、いつまで続けるか、といった自分自身の対応によって結果が決まるのである。

この自分自身の対応、誰から指示されることもなく、特別な制約を受けることもない自由な行動を上手にコントロールするために、沼田氏は「根拠のある売買」と表現したのだ。表現こそちがうが、この発想そのものは、すべての実践家が共通して重要視する部分である。

また、予測が曲がった（外れた）ときにどうするかも、重要な課題だ。

同じく本書に登場する田畑昇人氏は、「心理的にラクな方法を実行するために70％の勝率を求める」と述べている。沼田氏をはじめとした多くのプロが考える、「当たった予測を育てる」発想ではない。値幅取りを狙わないかわりに勝率を高め、その分だけレバレッジを高めにするという、彼が選んだ〝設定〟なのである。そんな田畑氏でも、ひたすら当てようとしているわけではないし、30％の負けをどう処理するかに目を向けているのは当然である。

このように、どんな〝味つけ〟にするかは人それぞれだが、「手法」を構成する要素は「予測法」だけではない。「ポジション操作法」と「資金管理法」を加えないと語れない――これが、厳然たる事実だ。日常生活で考えてみれば、誰もが納得する説明が可能だ。

「今日、雨は降らないだろう」というのが、個人的な予測である。そう予測した結果、「カサを持たずに出かける」という行動に出る。これが、トレードのポジション操作にあたる。しかし、ポジション操作とは、第三者の判定を待つだけの〝決め打ち〟ではない。予測に反して雨が降ってきたら、「カサを買う」「雨宿りする」「タクシーに乗る」といった対応をするはずだ。

雨は降らないとの予測が「当たらないと困る！」という重たい位置づけになってはいけないのだ。予測が外れて雨が降ってきただけで約束の時間に遅れるようでは、社会人失格である。ほかにもあり得る不測の事態を想定して、対応策を用意したうえで少し早めに出かけるのが、オトナとしてのマナーでありルールだろう。この部分が、最後の資金管理法に相当する。

こう細分化してみると、なるほどということになる。しかし、実際の株式市場には、カサを持たずに出かけたら雨が降ってきた……この状況で何の対処もせず、ズブ濡れのまま立ちすくんでいる人が大勢いる。上がると思って買ったら下がってしまった……くさいものにフタをして〝塩漬け〟にしている個人投資家は多い。いや、大半の平均的な投資家が、そうなのかもしれない。

雨が降るかどうかは、昨今の天気予報を上手に利用しても、ズバリ言い当てることが難しい。だから、対処を考えて行動するのだ。だが、その行動指針は人によって異なり、いわゆる〝正解〟、万人に通用する模範解答は存在しない。沼田氏と田畑氏のちがいからもわかる通り、「予測法」「ポジション操作法」「資金管理法」という3つの要素のバランスで成否が決まるからだ。

結論を述べよう。多数ある「手法」に関する本は、「すぐに儲かる秘密の方程式」を求める〝塩漬け投資家〟の、現実を無視した欲求に迎合している。手法を構成する3つの要素を、良書を見極める際の助けとしてもらいたい。そして、考え方とやり方は人それぞれだから、手法の優劣を考えるのではなく、自分が好きになれるかどうか、自分に合うかどうかで判定してもらいたいのだ。

インタビューイたちの声

私が運営する投資助言会社「林投資研究所」では、会員向けの『研究部会報』を発行している。読者である会員一人一人が自分の手法を確立できるようにとの思いから、私以外の実践家の声も掲載している。そのひとつが、この本の元となった「相場師インタビュー」だ。

名前を売りたい、ビジネスチャンスを広げたい……そんな思惑が強く先行する業界人もいるが、そういった方々からの申し出は断っている。逆に、こちらからお願いしたところ快くインタビューに応じてくれた人、ビジネスに関係なく私との相場談義を楽しもうと時間を割いてくれた人たちが「相場師インタビュー」の対象者で、この本に収録した実践家の面々なのである。

いきおい、「すぐに儲かる秘密の方程式」という俗っぽい需要には応えていない。読者の底力となる情報として、プレーヤーとしてのあり方、姿勢、その手法を構築したプロセス、売り買いを行う際の自己コントロール法など、一般の相場書籍には書かれていない事柄を語ってもらっている。

私自身が、同じプレーヤーとして、その部分に強い興味をもっているからであり、つまらない情報ビジネスとかかわらずに自立しようとする投資家に最も有益だと確信するからだ。

すべてのインタビューに、こういった特長がある。それを最大限に生かすのが、私から提言する「本書の読み方」である。

さて、カッコよく本書の特長を示したが、私の筆力不足で本音が伝わりにくい部分はないのか、との疑問も浮かび上がるだろう。私も常に心にとめていることで、インタビューの録音を聞きながら文章を書くときは細心の注意を払っている。幸いなことに、原稿を書き上げて校正刷りにしたゲラをインタビューイに送ると、ほぼ全員が、うれしくなるような言葉を返してくれる。

「いやあ。いいですねえ！　なんとなく話しただけなのに、言いたいことが整理されています」

私の想像で具体的な言葉をつくり上げた部分は、ひとつずつ確認することにしているが、「やっぱり！　こんなこと話していませんよね。でも、まさにこの通り。よくぞ言葉にしてくれました」との返事をもらうことになる。私自身がトレード技術を高めたくて相場談義を行い、文章にする段階でその効果を楽しんでいる。そんなワクワク感が、読者にも伝わることを願っている。

なぜ「3・11」か？

研究部会報に「相場師インタビュー」を連載しながら、「3・11とマーケット」も手がけることになった。東日本大震災による直接的な被害がなかった人も、被災地の情報に心を痛めた。だから、たとえマーケットに限った話題でも抵抗があるのだが、生の記録を今後のそなえとして共有するためにインタビューするというのが、出版社側からの提案だった。

類のないタイトルで目を引くという商業的な狙いと、真の実践家の内面を知ってもらおうという純粋な気持ちが合致した企画だったのだ。だが、私がエネルギーを注ぎきれなかったために、文字通りの企画倒れとなった。インタビューの数が足りなかったのである。

申し訳ないと謝罪するのが、せめてものオトナの対応だが、今回のインタビュー集に、異なる観点の話を盛り込むことができたので、それはそれでよかったと思っている。

本書に収録された2種類のインタビューから、トレードの利益につながる〝ダイヤの原石〟を見つけてもらいたい。

末筆ながら、インタビューに応じてくれた実践家のみなさんに心から感謝の気持ちを伝えたい。そして、この本の編集と出版に携わってくれた関係者のみなさん、そして林投資研究所のスタッフにも深くお礼を申し上げる。

林　知之

２０１７年11月

CONTENTS

インタビューイのプロフィール

坂本慎太郎（さかもと　しんたろう）／Bコミ
こころトレード研究所所長。大学卒業後、メーカー勤務を経て、日系の証券会社でディーラーとして活躍。その後、かんぽ生命に転職し、株式、債券のファンドマネジャー、株式のストラテジストを経験。2015年、中級者向けのトレード指導を行う、こころトレード研究所を、2016年に「株のデイトレード・スイングトレード通信スクール」を運営する株式会社イタヨミを設立。株式以外にも、債券、不動産、太陽光発電所等、さまざまな投資を行う。主な著書・出演に『朝9時10分までにしっかり儲ける板読み投資術』（東洋経済新報社）、DVD『しっかり儲ける板読み投資術』（パンローリング）がある。

田代 岳（たしろ　がく）／YEN蔵
米系のシティバンク、英系のスタンダード・チャータード銀行で合計20年以上にわたって為替ディーラーとして活躍したあと、投資情報配信を主業務とする株式会社ADVANCEを設立。“YEN蔵”の名で親しまれ、セミナーや講演等を精力的にこなすかたわら、ブログ「YEN蔵のFX投資術」、メルマガ「YEN蔵の市場便り」は、個人投資家にも人気を博している。ドル、ユーロなどのメジャー通貨のみならず、アジア通貨をはじめとするエマージング通貨のディーリングについても造詣が深い。2016年、坂本慎太郎氏とともに株式会社イタヨミを設立し、現在は同社の代表取締役会長を務める。

高橋良彰（たかはし　よしあき）
現在は個人トレーダーとしてのんびり生活しているが、プロップファームのエイ・ティ・トレーダーズ代表取締役だった時代は、自らもトレードを行うプレーイングマネージャーとして、的を絞る手堅いトレードで記録的な利益を積み上げた実績をもつ。

村田美夏（むらた　みか）／ウルフ村田
1993年、東京大学経済学部をトップで卒業後、日本長期信用銀行に入行。本店で国際与信を担当した後、法人営業やマーケットを担当。銀行に7年勤務後、金融トレーダー兼エンジェル投資家として、海外や日本の複数の企業支援を10年間行う。2010年にサクセスワイズを設立して代表取締役に就任。農業・飲食・健康に関連する事業者の販促PRサイト「健康安心なび」などを運営するかたわら、講演の依頼を多数こなしている。主な著書・出演に『億を稼ぐ東大卒トレーダーが教える おひとりさまの「肉食」投資術』（ビジネス社）、DVD『株で年2億円稼ぐ東大卒トレーダー』（パンローリング）がある。

沼田 武（ぬまた　たけし）／アンディ
専業トレーダー。自身が運営するブログ「アンディのFXブログ」で、日々のFXトレードに関する売買手法について執筆。東京時間で一目均衡表や“もぐら叩き”と名付けた手法で多くの投資家を魅了する。営業マン時代、日本で1番と2番の仕手筋（投資家）から大口注文を受けるなど、その確かな投資眼には定評がある。メディア取材も多く、「週刊SPA!」「YenSPA」（扶桑社）、「ダイヤモンドZAi」などでも紹介された。主な著書・出演に『17時からはじめる 東京時間半値トレード』、DVD『アンディのもぐらトレード 正しい根拠に基づく罫線売買術』（いずれも、パンローリング）がある。

上島浩司（うえしま　こうじ）
仮名。約30年間の経験をもつ証券ディーラー。アウトドア派のようでインドア好き、浪花節を好みつつ早稲田大卒の相当な理論派。そんなバランスが周囲を魅了する。実際、1991年にデリバティブの部署に配属された中で唯一、業界に残っている。

田畑昇人（たばた　しょうと）
高校3年生時に模擬試験にて偏差値34をとるも、猛勉強してわずか2カ月で偏差値を70まで上げた。しかし、志望の東京大学には受からなかったため、壮絶な学歴コンプレックスを抱える。大学院で晴れて東京大学に入ったものの、学歴コンプレックスゆえに「周りの東大生には絶対に負けたくない」と思いながら生活。大学3年生でトレードを始め、50万円を9カ月で1,000万円にまで増やした。学費を支払いながらFXで生計を立て、現在は、日本人の金融リテラシー向上を目指し、金融教育のパーソナルファイナンス講師としても活動している。主な著書に『東大院生が考えたスマートフォンFX』（扶桑社）がある。

本河裕二（ほんかわ　ゆうじ）
証券ディーラー。蟹座のO型。メールが得意で内向的だが、100kmマラソン10回完走の実績をもつスポーツ派。1990年に日本大学数学科を卒業して証券界に入る。のべ7社で24年間、先物およびオプションのディーラーを務め、累計30億円の利益を上げた。デイトレード中心で、1日の最大損失は500万円、1日の最大利益は6,110万円。月間最大利益が1億円なのに月間の最大損失は800万円と、リスクマネジメントに優れているのが大きな特徴。ファンドの立ち上げに携わったこともあり、プレーヤー同士のつながりを大切にすることから、業界人が交流する場「マーケットフォーラム」の創設にも深くかかわった。

黒木弘明（くろき　ひろあき）
仮名。証券ディーラー。大きな一発ホームランを狙わず、着実にヒットを重ねるタイプ。それこそがプロの思考。3.11後の混乱では、冷静に様子見に徹し、個人投資家がそのまま見習うべき姿勢を見出せる。

盛田聖一（もりた　せいいち）／**バルバロス**
仮名。個人トレーダー。イベント投資を好み、常に大きな課題に取り組む、おそろしいほどの研究家。証券会社では営業、バックオフィスと異なる業務を経験したが、どんな環境にいても、価格形成の背景や人間心理を研究する独自の視点をもつ。

本間忠司（ほんま　ただし）
仮名。証券ディーラー。外部の情報に頼らない絶対的な世界観をもち、酒席での相場談義をとことん嫌う。小学校5年生で株式投資デビューいらい培ってきた経済の知識を武器に売買し、ニュースを聞いた一番手が行動した時点で利が乗っている。

株式会社イタヨミ
2016年設立。「投資家目線の投資家教育」を企業理念に、坂本慎太郎（代表取締役社長）と田代岳（代表取締役会長）が起業に参画。パンローリング社で「株のデイトレ・スイングトレード通信スクール」を運営するなど、精力的に投資家教育に取り組んでいる。

ファンドマネージャー、証券ディーラー、個人投資家、3つの窓から市場を観察する独立トレーダー兼コーチ

坂本慎太郎（Bコミ）

「〝ちがい〟に目を向けるのが株式投資です」

4月に38歳になったばかりの坂本慎太郎氏は現在、自らの資金でトレードをするかたわら、継続的なスクール形式で、個人投資家に技術を伝える仕事にも携わっている。

彼の経歴は多彩だ。学生時代は個人投資家、卒業後にメーカーの営業マンを経験したあと、数社で証券ディーラー、かんぽのファンドマネージャーを歴任、そして今、再び個人投資家として活動している。

マーケットを見る目は当然、間口の広さと奥行きを兼ね備えている。スクールで個人投資家をリードする姿勢も丁寧で、説明もわかりやすいのだろう。なにより、業界人にありがちなギラギラ感がない。

インタビューは2017年4月28日、林投資研究所のオフィスで実施した。〝隠れた実践家〟ではなく、個人投資家を対象に活発に活動する人物であり、ホンモノのプレーヤーでもある。

1. 満を持して学生デビュー

――トレードを始めたきっかけはなんですか？

小さいころから「公文」をやっていたので、小学校に入る前に、けっこう漢字を読むことができたんです。それで、家にある新聞をふつうに読んでいました。

経済記事を読んでいたわけではありませんが、数字がたくさん並んでいる「株価欄」に興味をもったのです。親に聞いたら「それは株価だよ」と教えてくれましたが、両親とも株の売買はしていなかったので状況は進展せず……。ただ、TVゲームのソフトで株式売買シミュレーションがあったんですよ。架空の銘柄が100くらいあって、チャートも表示できるスグレモノで、それをやっているうちに株への興味がどんどん深まりました。

信用取引の仕組みも、そのゲームで覚えました。「なるほど。これを使うと、資金より大きな取引もできるんだ」って。

――でも、親の積極的な援助がないから、実際の取引はしていなかったわけですよね？

そうなんです。小学校5年生、6年生のころがバブル相場のピークで、新聞の株価欄で値を追いながら、「すげぇ〜」なんて思っていましたけど、実際に取引できるわけではないので、当然のことですが、中学、高校時代は部活、バンドと、ごく当たり前のことに夢中になっていましたね。
株の本はときどき読んでいましたが、実践を伴っていなかったので、特に研究テーマもなく、売買手法を学んだわけでもなく、ちょっとした機会に古本屋で見つけた本を読んでいた程度です。

――実際のデビューはいつですか?

初取引は、大学生の時でした。
アパート暮らしをしていると、勉強のほかに身の回りのことをする、バイトもする、遊びにも行きたい……時間とおカネを計算して「効率が悪い」という発想になったのです。そして、この非効率な状態を解決するには、効率よく収入を得るしかない。「それは株だろう」と……。
僕が20歳になった直後くらいのことでした。バイト代を貯めて資金に充てました。

――どんなことを基準に売買をスタートしましたか?

最初は対面取引で口座を開き、わりと短期間のうちにネット取引に移りましたが、今とちがって「デイトレードでクルクル回したって儲からないでしょ」という認識がふつうでしたよね。素直にそれに従い、月々かかるおカネを稼ごうとしていたので、1〜3カ月くらいの売買を想定しました。

最初は、単純な〝材料狙い〟でしたね。「夏に飲料株が上がるから仕込んでおこう」なんて、そこらのマネー誌に書いてあるようなことが意外と機能していたんですよ（笑）。

特にこれという軸もなく、なんとなく「株って面白いなあ」みたいなノリで売買していました。それでも、家賃などの生活費を賄うことに成功していましたね。今よりも情報が少なくて、「そんな考え方があるのか。試してみよう」と研究するうえで、ちょうどよかったのかもしれません。

多くのオトナが、雑誌などの断片的情報をもとに株を売買し、お約束のようにヤラレて消えていく……そんな現実を考えると、坂本氏が初期からコツコツと勝ちを重ねたことは信じがたい。インタビューといっても、真の狙いは〝楽しい相場談義〟を展開することだ。彼と私で「なぜ勝てたのか」を考えていったところ、重要な要因に気がついた。生活費を稼ぐという、確固たる目的があったことだ。

少ない資金で目先の経費を稼ごうとするのだから、塩漬けは許されない。買って上がったら利食い手仕舞いをする、ダメな場合でも引きずらないという〝適正な回転〟が実現したからではないか。

本人は「次の銘柄を買いたかっただけです」などと言っていたが、最初から売買の〝期間〟を意識していた点がよかったのだろう。

利食いしたおカネを使ったらそれきり、元の資金で再び稼ごうと頭を働かせる――そんな状況が、ヘンな逃避行動を生まずに功を奏したのだという結論になった。

しかし、彼の華々しいスタートの裏には、もっと大きな勝利の要因があった。

2. パチンコ理論

――バイト代だけでは、生活費を稼ぐための資金として、物足りなかったのではありませんか?

実は、パチンコで稼いで年間100万円、2年間で合計200万円ほどを追加できたんです。母がパチンコ好きで、専業主婦のヒマつぶしとはいえ、手堅く勝つ方法を心得ていたので教わりました。パチンコは時間がかかるので、夏休みなどに集中して取り組んだのですが……。

実は、トレードの〝チャート理論〟と同じ発想なんですよ。

――詳しく説明してもらえますか?

今のパチンコは電子式で、「大当たり」でドンッと玉が増えるじゃないですか。その〝波〟を読む、ひとつの観察法です。

出玉の状況を時系列的に見て「この線がそろったらリーチのラッシュがくる」みたいな、一種の予測法ですね。

――そんなカンタンに当たるものなんですか？

当たる、というよりも、対応なんですよね。

狙った状況になるかどうかは予想できませんが、「リーチのラッシュになる可能性の高い状況」を待ちながら一定金額を使うんです。2000円か3000円つぎ込んでダメだったら〝損切り〟して別の台に移動する、狙った状況が訪れたら続ける、という具合に、戦略を立てて計画的に臨むわけですよ。このアプローチは、そのままトレードに役立ったと思います。

――まさに相場ですね。でも、それを自分のものにする感性があったのでしょうね。

ギャンブルというか、自分で戦略を立てて自由に行動する〝ゲーム〟が好きなんです。

あと、おカネも好きなんですよね。小学生のころは、お年玉をせっせと貯めて、親に貸して利子をもらっていましたから。

――なんですか？　それ（笑）。

貯めたおカネをムダづかいせずに残しておき、こづかいが足りなくなった父に貸して利子をもらうんです（笑）。

坂本氏は「おカネが好きだ」と言うが、その好きな分野のことに素直に集中し、丁寧に取り組んだ結果が今の立場なのだと思う。なによりも、元来の頭の良さがあるのだろう。

遺伝子か、公文の効果か、本人の努力か……おそらく、すべてが重なり合った結果だろうが、株式市場で起こった〝事象〟について、「なぜなのか？」「どうしてだ？」「再現性はあるか？」と深く考える気質と、自分なりの答えを出す姿勢が素晴らしい。

彼は、自分よりもずっと年上のファンドマネージャーとトレードの話をしながら、彼が学生時代に起きた大相場のことなどを的確に語って驚かれたこともあるという。それほど研究熱心なのだ。

初期の「単純な材料狙い」は、いわゆる負け組の行動パターンだと考えていたが、意地になって張り続けるのが本当にダメな行動パターンであって、観察力やニュートラルな姿勢こそが勝ち組の要素なのだと、私は認識を改めなければならない。

坂本氏は、「低位株投資」をキーワードに、いわゆる〝ボロ株狙い〟を試した時、値動きを見ながら数カ月で投げて倒産を免れた経験もあるそうだ。

本人は、これについても「次の銘柄を買いたかっただけ」と説明するが、「時間」を考えて区切りをつける姿勢が、最初から大きな武器だったと考えるのが自然な分析だ。

3．師匠、仲間、ライバル

——直接的に教えてくれたのは、パチンコの師匠であるお母様以外にもいたのですか？

まず、インターネットでつながった人から、いろいろなことを教わりました。

パソコン通信の全盛期からインターネットの時代に移ると、さまざまな趣味の〝コミュニティ〟が生まれましたよね。そんな古き良き時代に、お金持ちの相場好きや地場の証券マンがオンラインで集まる場があって、内部事情も含めて多くのことを学ぶことができました。

——学生時代から、証券界の内情などを知っていたわけですね？

多少ですけどね。だから就職では、証券会社を避けました。ディーラーかファンドマネージャーになりたかったのですが、証券会社に入社してもディーラーになれるとはかぎらない、営業その他の部門では自由に自分の売買ができない可能性が高いと知ってしまったからです。

そこで、一般的な企業に就職し、個人的に株をやろうと思いました。

――で、就職先は？

上場企業の鳥越製粉です。父親が急に亡くなってしまい、地元の九州に戻ろうと決めたのがきっかけでした。候補はいくつもあった中、いろいろな製品に化ける〝原料〟のメーカーが魅力的だと考えて就職しました。

でも、入社後に営業部門に配属され、外回りの途中で株価をチェックして注文を出したりしているうちに、「やっぱり、職業としてやりたい」という思いがわき上がってきたのです。

インターネット上の情報を頼りに、地場のA証券がディーラーを募集していると知り、路線変更を決意して応募しました。1年も働かないうちに転職してしまったわけです。

――ディーラー職のスタートは、どうでしたか？

一定の腕をもった人を雇って「好きにやれ」という会社が多い中、A証券は未経験者ばかりを集めてイチから教育する方針だったのです。でも、そういったこととは関係なく、想像していた以上にガチガチの世界でしたね。

元ディーラーの古参社員が教育係で、それこそ一挙手一投足をチェック、少しでもちがうと怒られます。完全に〝型にはまって覚えろ〟という感じでしたね。

相場ですから、「この銘柄を買え」なんて指示はないのですが、銘柄を決めて報告すると、その瞬間にダメ出しを食らったりするんです。「こんな、下に板がない※銘柄、ダメなときに投げられないじゃないか！」といったように、ひとつひとつ厳しく言われたことを覚えています。

※下に板がない
下値に買い指し値が少ない状況。少しの売りでガクンと下げ、下げても買い指し値が少ないままかもしれない、と想像できるような場の状態。

——売買は、やはり最小単位からですか？

もちろんです。500円未満の銘柄を対象に、1000株買っては売り手仕舞いの繰り返しでした。その中で、実に細かいことを言われましたよ。

個人投資家のころと比べて、全くちがうのに驚きました。完全に管理された中で行う、〝シゴト〟の売買というのでしょうか、ガチガチの枠の中で業務にあたる心得をたたき込まれたと思っています。

なおかつ、チームプレーを求められました。売買は完全に個人の裁量ですが、同じ場所に集まって同じ目的をもって仕事をしている以上、「和を乱す者は許さん！」といった空気ですね。だから、個人プレーの面でもチームプレーの面でも、メンタル的なことをずいぶんと仕込まれました。

――心地よいと感じた部分は何ですか？

売買の期間に制約がないことと、銘柄を好きに選べることでした。ガチガチに指導されながらも、好きな銘柄を、好きな期間で売買できるんですから、そこに〝はまった〟わけですよ。

個人投資家ではできない素早い売買もオーケー、区切りをつけて次の勝負へ移っていくスピード感は快感でしたね。

――A証券の指導で、厳しすぎると感じたこと、納得できないと思った点はありますか？

上司の言葉に、極端な部分がありました。「キミ、今日は負けただろ。それなら、白い歯を見せるな」なんて精神論的な指導がありましたからね。

引けあとに本部長が各ディーラーの机を回って成績を確認するのですが、その際のダメ出しもキツいんですよ……「キミはプラス2万円か。よし」「プラス5万円、いいだろう」「プラス10万円、おっ、いいじゃないか！」……プラスの人にはこんな感じですが、「なにっ？　マイナス5万円だ？　キミは3日連続でヤラレてるじゃないかっ！」なんて声を荒らげるあたりは、ちょっとどうかと感じましたね。萎縮しちゃいますよ。

――前時代的なノリですね。

まさに過去の遺物、巨人の星の「スポ根」ですよ。未経験者にイロハのイから教えてくれたのは、ありがたいことです。ただ、結果の数字だけを見て大きな声を出したって、つぶれる必要のない人までつぶれるんじゃないかって……。

でも、働くディーラー同士はとても仲良くしていましたね。一般的なディーラー職って、同じ職場の人間には何も言いませんよね。一人一人がライバルですから、わざわざ自分の手の内を明かす者なんていないわけですよ。

でもA証券では、教えを請うと丁寧に答えてくれる先輩がたくさんいましたし、仲間同士の建設的な交流が多かったと思います。

いちばん勉強になったのは、駆け出しの時期にやらされた伝票の整理です。まだ古いシステムで、個々の注文を伝票に起こしていたので、それを端末に入力する業務があったのです。

数字を機械的に打つだけですが、注意深く見ていると、銘柄、買いのタイミング、手仕舞いの基準、等々、貴重な生の情報に目を通すことができたわけです。

全社的に厳しく、古い体質があった中で追い詰められた人もいる一方、僕はうまく過ごしていたほうだと思います。素直に、いいところを学ぼうという姿勢をもてた、ということです。

実は、先輩に教えを乞う際に、上司の精神論が効果を上げました。

立場上、成績に関する話って生々しいじゃないですか。だから、「他人には、ヤラレた話だけしておけ」と、しつこく言われていたのです。会社の内部でも外でも、常にそうしろという意味です。教えてほしいと思う先輩のところに行って「今日もヤラレました……」と、かわいく言ったほうが親切に教えてくれるんですよね（笑）。

でも、あらためて振り返ると、個人投資家だった学生時代からディーラー職の初期、そして、そこそこの経験を積むまで、良き師匠、良き仲間、良きライバルがいたと感じています。

4．損と益のバランス

――A証券は未経験者を集めていた、ということは、固定給があったわけですね？

はい、その通りです。通常、給与の5倍くらいが会社側の雇用コストといわれていますが、そのあたりを基準にインセンティブ（売買益に対する報酬）をもらえるシステムでした。

月給から計算した基準が150万円ならば、ひと月の売買益について150万円を超えたら、その超えた部分がインセンティブを計算する基準です。もちろん、未経験者ですから、1年間の猶予がありました。

経験者に売買させて成績が悪いと数カ月でクビ、といった一般的な契約ではありません。僕は、その1年間で成績を安定させるための計画を立てて臨みました。

――どんな計画だったのですか？

「ひと月の利益」について漠然と目標を立てるのではなく、損失と利益の金額を別々に計算したのです。

相場なので、負けをゼロにすることはできません。勝ったり負けたりが当然です。だから、まずは損失も利益も、それぞれの金額を大きくしようと考えました。

同じ売買内容で、株数も回数も増やせば達成できますよね。そのあと、損失を抑えるように工夫しよう、と。大ざっぱにいうと、こんな二段階の構えで成績を伸ばそうとしたのです。

――機能しましたか？

はい、うまくできたと思います。この計画というか、考え方の根底に、A証券の厳しい教えがあったと思っています。

日々の成績をチェックされる、ダメだとしかられる……言葉はきつかったのですが、日々の成績、個々の売買結果を丁寧に考え、相場と真剣に向き合う気持ちをつくってもらったのです。

――現在は個人トレーダー兼個人投資家のコーチですが、それまでずっとディーラー職だったのですか？

証券ディーラーとしては、A証券のあとに数社を経験しました。

A証券でも、腕のいい先輩が他社に移籍したあとトップになりましたし、2社目ではディーラー職として最も稼ぎ、年収で億を超えました。でも、もっと優秀な人はたくさんいました。そんな中、自分の売買を分析して、常に〝その場〟しか見ていないと感じたのです。

目の前の戦場に突進し、「対応」といえばカッコいいのですが、ちょっと力業のような技術で乗りきるスタイルだと思ったわけです。ディーラーとして大勝ちはできない、超一流プレーヤーにはなれない、という気づきですね。

その課題を解決するために、ディーラーではなくファンドマネージャーになろうと決めました。

――そんな転職が可能なのでしょうか？

おっしゃる通り、一般的にはナシですよね。

デイトレードが主体のディーラーをファンドマネージャーにする会社はありませんし、逆に、ファンドマネージャーがデイトレードの鉄火場で通用すると考える人もいません。だから少し苦労したのですが、どうにか、かんぽ生命のファンドマネージャー職に就くことができました。

――それはすごいですね。株を扱ったのですか?

いいえ、最初は債券のファンドマネージャーでした。

これが、ものすごく勉強になる世界でしたね。新しい分野ですし、債券市場を観察することでマクロ経済を見る、目指していた〝高い視点〟で金融市場を見ることができたからです。

――かんぽなら、扱う金額もデカかったでしょう?

そうなんですが、なぜだか部署にいる人数が少なくて、扱う金額が大きいわりには業務が細分化されていなかったのです。たった数人で、銘柄選定だけでなく、証券会社とやり取りして玉(ぎょく)を集める作業まで、幅広くやりました。

しかも、発行額が大きい国債を買っておけばいい、というのではなく、利回りを考えて、地方債や社債にも積極的に資金を投入するよう求められたのですが……例えば地方債の発行額が全体で6000億円なのに「4000億円分買え」なんて、ムチャなオーダーをこなすのです。

全共連※と玉を取り合う間柄で、証券会社の担当者と仲良くなろうと頑張ったり、夜討ち朝駆けで連絡して情報を引き出したりと、そんなことをした思い出があります。

※全共連
全国共済農業協同組合連合会。JA共済の資金を運用する団体。

――まるで、個人投資家相手のドブ板営業ですね（笑）。

かなり泥くさい雰囲気でしたね。でも、金額がデカいので、とにかく面白い仕事でしたよ。大手証券に電話して、その月の引受額が700億円だと聞いて、「全部ちょうだい」とか。地銀が絡んだ私募債があると聞いて、「それ、全額はがしてきてくれ」と証券会社に頼むとか。

実は、部署に3人しかいなかったのに、もともとシステム関係だった上司が、そんな多忙な中でうつ傾向になり、ほとんど会社に来なくなったんです。僕が28歳、もうひとりの先輩が29歳、その2人だけで仕事をしていた時期もありました。

ファンドマネージャーとして銘柄を選ぶ、トレーダーとして証券会社から玉を調達する、本来ならバックオフィスの人が行う入力作業まで、すべてを2人でこなすので、日々の業務に組織という雰囲気はなく、まるで個人投資家のような感じでしたね。

「これ、どうですかね？」「よし、買っとけ！」……大切な資産を預けている人が聞いたら目が点になるような会話でした（笑）。

――成績は、どうだったのでしょうか？

ドタバタでしたが仕事の質は高く、成績は優秀でした。

例えばリーマンショックの時は、多くの金融機関が手持ちの債券を売却しようとしました。でも相手がいない……。債券は、株とちがって相対取引が基本、流動性が極めて低いじゃないですか。だから、悪い状況で投げようとしても、買い手がつきにくいわけですよね。まあ、ふつうなら野村證券が黙って引き取ってくれるところ、当時は、そんな頼りの綱の野村も買わないほどヒドい状況だったんです。

でも、僕たちにとってはチャンスでした。投げる必要はなく、逆に買う側でしたから。他社の投げものを、形式だけ野村経由にして買い取ったりしていましたね。

――かんぽでは、ずっとファンドマネージャーだったのですか？

現場で頑張っていたら、運用計画を立てる部門に引っぱられました。

――アセットアロケーションとはちがうのですか？

アセットアロケーションの一環、と考えてもらえばいいと思います。まずは、システマチックにはじき出した運用計画があるのですが、市場の実態や実際の玉集めを考え、机上の計算を実行可能なものに修正するんです。「この金額はムリだよ」という感じで……。

そんな仕事を経験することもできたので、本当によかったと思っています。

最後は、株のファンドマネージャーになり、かんぽには合計で7年間いました。

かんぽ時代の話は実に派手な感じだが、資金量にものを言わせて強引に買いあさっていたわけではない。証券会社の担当者を儲けさせることで、困ったときに助けてもらう、良い情報を流してもらうなど、およそディーラー出身とは思えないバランスの良さを武器に人間関係を大切にしていた。頭が切れるが姿勢は素直――坂本氏は、本当に感じのいい人物である。

かんぽを辞めて独立トレーダーになる時も、奥さんからの要望もあって、ファンドマネージャーならではの感覚で集めた高利回り債券、賃料収入が発生する不動産、自分で土地を手当てした太陽光発電と、生活費を稼ぐ足場を固めてから行動を取ったという。

最後に、スクールでの教え方について話してもらった。

5. 相場は〝ちがい〟を見つけるゲーム

――スクールでは、どんな教え方をするのですか?

僕自身は、ファンドマネージャー、証券ディーラー、個人投資家と3つの視点を併せ持っていることが〝売り〟です。値動きを読むのも実際にポジションを動かすのも、3つの目の使い分けです。

そんな特徴を生かして僕は、短期と中長期、2つのミックスで運用を行います。

短期と中長期で資金は別れているのですが、垣根を低くして資金配分を流動的にしています。スクールでも、そういう自分のやり方を伝えるのが主ですが、最も力を入れて伝えているのは、定点観測と予習復習です。

――具体的には?

売買は、毎日同じことの繰り返しなので、〝かたち〟をつくって日々、予習と復習を繰り返すのが正しい、と考えています。

手助けをしながら、まずは200銘柄をピックアップしてもらいます。その200銘柄はシンプルに騰落をチェックするだけで、そこから実際に手がける20銘柄を抜き出すのです。

最後に「20銘柄」を選定する理由は、相場に費やすことのできる時間です。兼業の個人投資家が観察して予習復習に充てられる時間は、1日あたり30分から1時間でしょう。その時間内できちんとこなせる限界が、20銘柄程度だという計算です。

――平日に必ず予習復習って、ハードルが高くありませんか?

人間ですから、さぼりたいときもあります。でも、とりあえず20銘柄をチェックすればいいので、それほど難しくはないんですよ。だから、飲みに行っても大丈夫です。

とにかく、広く見わたしながらも、手がける範囲を絞り、〝同じ目〟で観察を続けることが重要です。思いつきで飛びつき買いして「うわぁ、ヤラレた」なんてドタバタ劇から脱却するのが、多くの人にとって共通の課題ですから。

すると、落ち着いて〝ちがい〟を見つけることができます。上げ相場で動きがいい銘柄と悪い銘柄、あるいはセクターごとの差、同じ銘柄の動きに変化が出たなど、さまざまな〝ちがい〟ですね。

こういった観察をするプロの姿勢を理解してもらうために、サポートというか、フォローアップに手間をかけます。週に4回、動画を配信するのですが、1回が、最低でも30分くらいですかね。

――ずいぶん力を入れた取り組み方ですね。

やみくもに200銘柄選んでも意味がないので、その考え方についての説明が多くなります。でも、誰でも実行できるようになりますし、行動範囲を限定しながらも、売買対象に選んだ20銘柄、リストアップした200銘柄を通じて市場全体を観察することになります。適宜入れ替えることも含めて、計画に沿った運用、落ち着いた売買が実現するという流れです。

――〝ちがい〟には、時代の流れによる変化も含まれますよね？

そうです。だから、手法がひとつではダメだと教えています。

林さんは「手法をひとつにしろ」と言いますが、林さんが言う「ひとつ」は、僕にとってはひとつではありません。流動的で、幅があり、変化していくことのできる「軸」なんです。

――地に足がついた「運用」の感覚を伝えているわけですね。

僕の話を断片的に聞いて売買している人もいるでしょうが、スクールには、やる気のある真面目な人に来てほしいと考えています。路線が地味なので、爆発的に人気の出るビジネスにはなり得ません。でも、それが投資家教育の王道だと思います。

基本的に、僕を含めたほとんどの人が凡人です。だから、天才的な感覚や技術を要求される方法なんて、現実には意味がありません。誰でも実行できる方法を、自分自身でもさらに追究しながら、それを個人投資家に伝え続けていきたいと思っています。

田代岳

（YEN蔵）

英系、米系のメガバンクで20年以上、為替ディーラーとして相場を張った、経験豊かなマルチプレーヤー

「相場は対応力。でも数字を追うだけではありません」

田代岳氏は、米系のシティバンクと英系のスタンダード・チャータード銀行の2行で合計20年以上も為替ディーラーを務めたあと、現在は独立して自己資金でトレードするかたわら、自身の会社「株式会社ADVANCE」でセミナーなどを通じた投資情報発信を行い、「YEN蔵」（えんぞう）のニックネームで知られている。

私は田代氏と仕事で知り合い、インターネット放送「マーケット・スクランブル」で共演した。短時間の番組ながら、その中で言葉を交わしたり終了後に軽く話をしているうちに、彼の真面目な姿勢やプレーヤーとしての厚みを感じ、あらためてインタビューの場を設けて足を運んでもらった。

インタビューは2013年8月15日、林投資研究所オフィス近くにある料理店の個室で行った。

1. やり方は勝手に盗め

――最初に仕事をしたのがシティバンクだったのですか？

いえ、シティバンクに入る前に「コバヤシ」という短資会社にいました。為替のブローカーです。短資会社では現場にいて、その時のお客さんがシティバンクだったのが縁で、転職して為替ディーラーになったのです。

――短資会社というと、小さなテーブルを数人の男が囲んでいて、注文の札を投げるシーンを思い浮かべますよね。

よくニュースに出てくる映像ですね。でも、いつもあんなではありません。活況になって伝票を投げるシーンもありますが、通常はスタッフの女性に手渡します。まあ〝絵になる〟場面だけがテレビの映像として流れて定着した、誇張されたイメージでしょうね。

――短資会社の数は減ってしまったようですね。

以前は7社あったのが、現在は3社だけです。銀行間取引のブローカーとして利益も大きかったのですが、金利水準が下がって儲からなくなりましたし、外国為替の取引が電子化されて業務縮小を余儀なくされ、合併を繰り返すなどして3社に絞られたという状況です。

――プロ同士をつなげる立場として、重要な役割があると思っていましたが。

債券とか複雑なデリバティブならば、いわゆる〝人のチカラ〟が必要です。例えば、相手方の信用力などを考えながらの微妙なアレンジが要求されたりしますからね。でも為替の直物取引※って極めて単純なので、かなりの部分が電子取引で十分に対応できるのです。90年代の前半に電子取引が始まり、わずか3年くらいで業界構造がガラッと変わってしまいました。

それに、売買する為替ディーラー側では、電子取引によって事務処理が大幅に軽減されるのです。次々と売り買いしたあとのポジション管理でブローカー側と確認を取り合うなんて作業が、一切いらなくなるのですから。

建てたポジションのデータが自動的に手元のパソコンに取り込まれるので、自分のポジション全体が常に一目瞭然なんですよ。その分、トレードに集中できます。

※直物取引
正確には直物（じきもの）為替取引。「スポット取引」とも呼ばれる。2営業日以内に決済する取引で、株式の現物取引に相当するもの。

――株式市場と同じように大きく変わった面があるわけですね。

そうですね。証券取引所から場立ちがいなくなったのと全く同じでしょう。だから銀行が単純なブローカーのような位置づけになった、という変化もあります。ヘッジファンドが銀行のシステムを使って売買する、つまり銀行を経由するだけで、実際には顧客のヘッジファンドが直接、銀行間取引の場に玉を出すというようなことも現在はあります。

結果として、アルゴリズム取引と呼ばれるコンピュータを使った高速取引が増えるなど、マーケットの様子は一変しましたよね。

――YEN蔵さんが為替ディーラーになったのは、そういった変化が起こる前ですよね。シティに移った理由は？

当時の短資会社は儲かっていたので収入の面では何の不満もありませんでしたが、所属していた会社が業界の末端に位置する弱小チームだったこともあり、もう少し華やかな場所でプレーヤーとして活躍したいという気持ちがありました。

そんな時、シティの東京支店から誘われたのです。外資系の銀行では大量の人事異動も珍しくなく、タイミングよく欠員が出たチャンスを逃さずに決断しました。

――シティでのディーラー教育について聞かせてください。

会社としての教育はそれなりにしっかりしていたと思いますが、座学が中心でした。金利のメカニズムとか、デリバティブの仕組みとかですね。定期的な勉強会があって、出席が義務づけられていたんです。

そのほかに、「ボース・ゲーム」というものがありました。

シティ独自で世界的に行っているものとしてけっこう有名なようですが、要するに取引のシミュレーションゲームです。シティの大手顧客、つまり輸出入企業や生損保などの担当者が泊まり込みで参加し、架空の通貨と中央銀行を設定した中で架空のニュースを流しながらシミュレーション取引を続けるというものです。

営業サイドの活動なのですが、僕たちディーラーはふだんから営業と一体になって業務を行うので、ボース・ゲームにも参加していました。

――具体的な売り買いについては、どんな教育でしたか?

実際の売り買いを教える教育プログラムというのは、ありませんでしたね。徒弟制度が自然に存在するような感じでした。

でも、師匠が指定されるわけでもなく、積極的に教えてくれる先輩もいませんでした。一人一人が職人で、それぞれのスタイルでトレードしているだけで、「覚えたければ勝手に盗め」という風土だったのです。

もちろん、聞けば教えてくれます。だから周囲を見回して「この人のやり方がいいな」と思う人がいたらトレードをのぞくとか、そんな感じでしたよ。

——以前の日本の銀行ではファンダメンタルズの分析が主で、「チャートを見るなんて邪道だ」といった発想だったようですが、シティではどうでしたか？

誰もがチャートをつけていましたよ。チャートの種類は人それぞれですし、オシレーター系を見ている人がいたり、移動平均を参考にしている人がいたり、という状態でしたが。

——覚えたての当時に行った実際のトレードは？

実は、詳細には記憶していないのです。でも、細かいデータなんてなかったので、日足を見ながら2日、3日くらいの期間でポジションを取るような売買でしたね。

それに、今よりも動きがありました。だから〝アヤ〟を取るというよりも、必然的にトレンドを意識したトレードを覚えたと思います。

2. 野蛮な世界ではなくなった

――為替ディーラーの業務全体について教えてください。

為替ディーラーというのは、〝何でもあり〟の世界です。まずはブローカーとして顧客の注文に応じるのが基本ですが、取引所がないのですべてOTC※です。それぞれの金融機関がPTS（私設取引所）の役割を担っている、と説明するほうがわかりやすいかもしれません。取引のレートは、すべて個別に決めていきます。

しかも僕が仕事を始めた当時は、顧客が売り買いをきちんと示さずに「売りと買いを両方建てておけ」なんて言ってくるんです。

つまり、「売りと買いのどちらにするかは、あとで決める」という意味です。為替の売買単位は1本が100万ドルなのですが、「売りと買いを100本ずつ」だったりします。

※OTC
「Over The Counter」の略。店頭の相対（あいたい）取引のこと。

――そんなわがままを聞くんですか？

そのかわり、われわれがレートを決めますし、基本的に反則というものがないんです。OTCということは、平たく言えば〝呑み〟ですよね。証券会社が株の注文をマーケットにつなぐ場合、例えば大きな買い注文が来るのを知っていて自己で買っておくなんて大反則ですが、為替の世界では関係ありません。

顧客のわがままを聞いて玉をさばきながら、自己の思惑でも玉をつくる――つまり営業活動の「セールストレーダー」を務めながら、自らの資金で利益を狙う「プロップトレーダー」の立場でもあるということですね。

銀行同士の〝撃ち合い〟があり、顧客との〝撃ち合い〟があり、という状態がふつうなのです。いや、もう少し過激な表現で、「殴り合い」と言ったほうが近いでしょう。

――全員が敵なんですか?

そんなことはありません。ブローカーとの関係を大切にして注文を1社にしか出さず、処理しやすいように配慮してくれる大手筋もいました。逆に、自分が出す大きい玉で、銀行がいきなりマイナスを抱えることを承知で〝撃ってくる〟大手商社もいました。

その手の状況は、営業の姿勢にもよりますよね。営業が受けた注文がディーラーに回ってくるのですが、期待するような連係プレーになるとは限りません。

会社全体としては、注文の口銭が得られる一方で、玉を引き受けなければならないのですから、扱いにくい注文に対しては社内で駆け引きもありました。

大きい玉でも、例えば一発目に軽く出してくれれば準備ができるのでさばきやすくなりますが、いきなりドーンと撃たれたらやりにくいわけですよ。

為替取引の仕組みそのものはいたって単純なんですが、やっていることは複雑です。駆け引きがない世界なんてありませんが、昔の為替というのはかなり特殊な世界だったと思います。

顧客の注文に関しては素早く対応する必要がありますが、自分のポジションはオーバーナイトして翌日まで、あるいは翌々日まで、これらを同時にこなすわけです。

でも、1日に2~3円動くことがあり得る時代でしたから、自己のトレードで狙うのは10銭とか20銭ではなく、数円単位の値幅を取りにいく感覚でした。

——3カ月間のトレンドを見る、といったことは?

結果的にそういう時間軸になることはあります。例えば去年(2012年)の11月から今年(2013年)の5月までは、円安トレンドでしたよね。

その流れをうまく読んで「ドル/円のロングしかポジションを取らない」戦略を続ける、ということはあり得ますが、同じポジションを何カ月も持ちっぱなしにはしません。実際のポジションは、建てて手仕舞いしての繰り返しです。

立場的に、月々の成績をつくる意識が必要だったこともありますね。1カ月か2カ月マイナスがあっても年間で稼げればOKなんですが、半年に1回しか張らないようなトレードでは十分な成績が出せませんから、大きな利益を得られるチャンスを狙いながらもコツコツと小さな利益を積み上げていくことになります。

金利とか貿易のヘッジの為替取引に携わっているディーラーは長い時間軸でマーケットを見ていますが、直物にからむ業務では時間軸が短くなります。翌日までのオプションとか。

——オプションで翌日まで、ですか？

日経平均のオプションはSQ前日が期日ですが、為替はすべてOTCだから自由に設定してしまうわけです。例えば雇用統計の発表前日に「どちらかに動く」という思惑で両サイドを買っておくといったトレードです。

——イベント・ドリブンですね。

イベントに際したわかりやすい例を示しましたが、短期のトレードが中心というわけではありません。

いろいろなケースでオプション単独の売り買いをしますし、直物とからめてオプションのポジションを持つこともあります。期間は2~3週間、あるいは2~3カ月といった、僕らの世界での中長期が中心です。

例えばドル／円のコールを買うと、円安になったときに、そのオプションは値上がりしますよね。それをベースにドルを売り上がる、といったトレードをします。つまり、オプションにヘッジのような役割をさせたうえで直物をトレードするわけです。

――オプションの相手方は？

同じ銀行内に「オプションデスク」という部署があって、僕たちディーラーの玉を受けてくれるんです。彼らは彼らで大きな玉を扱っていますから、通常ならばディーラーの玉をそのまま抱えても問題ない、という構図があります。

――「昔の為替市場」を説明してもらいましたが、現在はどうなのですか？

いま説明したようなスゴイ状況は、もうありませんね。

「売りと買い両方建てろ」という注文のことを「ツー・ウェイ・クォーテーション」（Two-way Quotation）っていうんですが、電子取引が主体だからそんなムチャな要求もありませんし、銀行同士が侍のように「やあやあ我こそは〜」と名乗って斬り合うみたいな構図は、もう見られません。いわゆる「野蛮な世界」ではなくなってしまったわけですよ。

そもそも、今は取引に厚みがありますよね。昔はそれほど大量の売り買いが集まる状況ではなく、一部の大手が支配していたり、売り買いしようとしてもプライスがない、株でいう「板がない」状態が生じたりもしましたが、現在はそれなりの規模の玉が出ても2銭か3銭しか動かなかったりします。

それに、例えば個人投資家の小さな玉だって、間接的にですが、インターバンク市場に届きます。すべてIT技術の進歩を土台とした電子取引の発達によるものです。

——その変化を、どう感じていますか?

効率的になりすぎてしまって、おもしろくないという印象はありますね。参加者の増加と電子取引によって厚みが出て、そこにアルゴリズムとかHFTと呼ばれる高速プログラム売買が加わって、さらにトレンドを殺してしまっているのですから。

そういえば、株の値動きを10銭単位にするんですよね。そんなことをしたら、動きがなくなってしまうのではないでしょうか。

株の魅力というのは、ストップ高をつけるとか短期で3倍になるとか、合理的なベースがありながらも不合理な値動きがあるところですよね。それが10銭単位でチクチク動き始めたら、マーケットに人が集まってくるのかなあと思いますね。

個別株においては、数倍になる可能性のある「値の軽い」銘柄が僕のイメージです。


――YEN蔵さんは、株も積極的にやっていましたね。そのあたりのことは、あとでゆっくりと聞かせてもらいましょう。


田代氏の話を聞き、あらためて昔の為替の世界を知った。振り返って、自分が歩んできた株式市場のことを考えてみた。

銘柄が多いことや株の「発行体」（上場企業）という存在があるので目に見えない不利な要素もあるのだが、例えば「東証一部で地味な数銘柄だけを対象にする」というように、限定的な範囲で行動している限りは単純である。

そして「自分の出処進退を考えることに専念しよう」というシンプルなイメージをもちやすいのだが、同時に〝見えない部分〟も多分にあるような気がする。

そんな観点から、田代氏には、私にはない〝器用さ〟を感じるのだ。

3．世界の中心はロンドン

――シティからスタンダード・チャータード銀行に移ったのは、特別な経緯があったのですか？

シティの組織が変わって居心地が悪くなったのが、いちばんの理由だったかもしれません。僕が入ったころは「東京は東京」と地域で独立した構造があったのですが、シティ全体で縦割りになり、東京に勤務していながら上司はロンドン、というようなかたちになってしまったのです。

当然、同僚たちの数は減り、ソロモンとの合併で見知らぬ人が入ってきて……なんとなく、居づらくなって辞めてしまいました。

――なぜロンドンなのですか？

ロンドンというのは為替で儲けやすい、特別な場所なのです。

理由はいくつかありますが、まずは時間的な問題です。世界の時間の流れで「アジアのあと」「ニューヨークの前」なので、どちらの資金も入ってくるのです。だからロンドンが、最も取引が活発な場所なんです。

次に、イギリスの政策の問題があります。１９８６年に行われた「金融ビッグバン」と呼ばれる金融市場改革によって、海外の資金が集まりやすい構造が出来上がりました。

それに先だってアメリカも自由化の路線を取っていますが、そのアメリカと旧ソ連の冷戦によってロンドンの金融市場としての優位性が高まっていたという面もあります。

冷戦時代の旧ソ連だって外貨としてアメリカドルが必要でしたが、直接アメリカと取引できないのでロンドン市場を利用していたわけです。

ユーロドル、つまり米国以外に存在する米ドルとその取引の場所はアジアも含めた広い範囲に及ぶのですが、やはりロンドンが中心的な場所となっています。ロンドンには共産圏の資金もあれば、「ロンドンには武器商人がたくさんいる」などといわれるようにヤバい資金も動いているようです。

それから、歴史があるという点も無視できません。大航海時代に保険制度が生まれ、いまだに保険の引受などで評価が高いはずです。アメリカにも金持ちはいますが、ヨーロッパには歴史ある金持ちが大勢います。

いろいろな要因が絡み合った結果、ロンドンに金融や運用の土壌があり、その場所を目指してさらに資金が集まる、世界中の金融機関が集まる、といった構図があるのです。

アングロサクソンというのは、枠組みをつくるのがうまいと思うんですよ。

イギリスの個々の産業に競争力があるとは思えないのですが、金融のわかりやすい枠組み、つまり標準化されたものをつくり、それを世界中にきちんと示して取引を促し、なおかつ、あまり規制をかけない姿勢で臨みます。日本と比較してみると、理解しやすいと思います。日本語という特殊な言語があり、閉鎖的なルールがある――これでは外のおカネは入ってきません。

――なるほど、そうですね。話を戻して、シティを辞めたあとのことを聞かせてください。

シティを辞めたあとはフラフラしていたのですが、スタンダード・チャータード銀行にいる友だちから声がかかったのです。「アルバイトでディーラーをやらないか」と。たしか、1日あたり7万円とか8万円という条件でした。

スタチャン(スタンダード・チャータード銀行)が為替の部門を始めたばかりで、セールスはいてもディーラーがいない状態だったのです。

しばらくはアルバイトでディーラーを務めていました。昼ごろから夜の12時くらいまで、つまり東京市場の午後とロンドン市場をカバーする時間帯ですよね。ところがスタチャンが本格的に為替業務をやることになり、アルバイトに自己玉を持たせるわけにはいかないから「社員になれ」ってことになり、再び為替ディーラーとして数年を過ごしました。

でもスタチャンも業務縮小で、トレードの部門を東京に置かない、仕事を続けるなら香港、みたいなことになってしまい、当時は香港に住むことに抵抗を感じたので辞めることにしました。

これが、2008年でした。

――そして現在は？　よく考えると、ＹＥＮ蔵さんの日々の仕事って知らないんですよね（笑）。

スタチャンを辞めたあと、またのんびりしていたのですが、為替をテーマにブログを書き始めたら、それがきっかけで講演の依頼が来るようになりました。

そのほかに、コンサルティングの仕事もあります。マーケットでの売り買いをテーマにするのではなく、富裕層を対象にマクロの話、つまり世界的な経済とか金融マーケットの潮流をレクチャーするというような仕事です。

もちろん、自分でもトレードを続けています。生活費を稼ぐというよりも資産を殖やす手段と位置づけていますが、金額的にはそれが大きいですね。

田代氏は為替の世界にいたこともあり、国境を越えた視点をもっている。例えばプレーヤーとして、目の前にある国内マーケットでどんな儲け方があるのかという観点を大切にするかたわら、現金資産をどの通貨でどこに置いておくかといった発想を自然なかたちでもっていると感じるのだ。

株価の動きを観察するのは、経済という枠組みの一部分を見る行為だ。しかし経済の根底には通貨のシステムがあるのだから、株、為替、債券といくつものマーケットを知っている人の強みは、視野の広さと柔軟性だろう。

投資家として大切なのは「確信ある自分流」を合い言葉に専門分野に徹することだと私は考えているが、意図的にそこから離れて他人の考え方に触れてみることも重要だと思う。

こういったインタビューの場で、異なる分野で勉強してきた人の話を聞くと、面白いだけでなく新鮮な情報に出会える。

前述したように田代氏は、為替だけでなく株のトレードにも積極的だ。

このあとは、彼が行う株のトレード手法を通じて、売買技術に関することや為替と株の相違点などについて話してもらった。

4．ブルーチップはカラ売り

――YEN蔵さんの株のトレードについても聞かせてください。

はい、為替の世界にいると〝資金の動き〟という感覚から、ほかのマーケットに入りやすいと感じますし、実際、1990年ごろから株式市場にはなじんでいます。働いていたシティのストックオプションも持っていましたし。

為替ディーリングの合間に個人的に株式市場を見ていた、なんて時期もありました（笑）。

だから日本の株式市場は、個人投資家の立ち位置から見てきましたね。株価指数先物とオプションが導入された当時、日本の大手証券が意味のない基準をつくった様子も見ていました。オプションを買う人にも2000万円だか3000万円を預けろ、なんて言っていましたよね。オプションのことを何も知らずに営業していたんでしょうかねぇ？　不思議でしたよ。
それはともかくとして、けっこう長期に保有している銘柄もあるんです。

――目先の売り買いではなく？

資産形成の感覚で、きちんとファンダメンタルズを見て選びます。足元の業績変化とかではなく、ビジネスモデルの将来性などを吟味するのです。うまくいって、数倍になった銘柄もあります。
でも、動きを見ながらポジションを増減させる場合もあります。大きなトレンドに乗りながら、その中の上げ下げを狙って売り買いもする、という感じですね。

――先ほど、「値の軽い銘柄」という言葉がありましたが。

マーケットの魅力って、そういうところじゃないですか。為替はチャンスがあれば毎日のように細かくトレードしていますが、株は大きく居所が変わる場面がありますから、そういう動きを狙いたいんです。

全体的に見ても、例えば80年代のバブルは特別だとしても、2000年のITバブルとか、結局は数年に一度大きな動きがあるので、それだけでも魅力的です。特に新興市場は面白いですね。

——新興市場って、流動性が低くてやりにくくありませんか？

大きく上がるといっても、何十倍にもなるような銘柄を必死になって発掘するわけではありません。ですから新興市場でも、きちんと出来高がある銘柄を選びますし、ダメだったときに逃げることを考えて数量を調整します。トレードするうえで当然の、マネーマネージメント（資金管理）をベースにした対応です。

それに、取れないときにやっても損をするだけですから手を出しません。個人投資家のアドバンテージ（優位点）は、必ずしもポジションを持つ必要がないということです。

もちろんポジションがない、その動きに参加しないという状態は、毎日の値段を見てちゃんと相場を追いかけているからこそ実現することなのですが。

——そういうマネジメントを、時間で考えますか？

いや、「3割くらいの値上がりはほしい」というイメージを大切にしています。

林さんが日柄を強調するのと実は同じ効果を生んでいるのかもしれませんが、数円でもいいと考えてバタバタとトレードするよりも、「3割」って数字を目安にじっくりと取り組むのが正解だと考えます。やたらと売ったり買ったりしなくてもいい、ってことになるじゃないですか。

もちろん新興市場にこだわるわけではなく、東証一部の銘柄も対象にします。要は、機関投資家が相手にするような大型株を避けるという考え方です。

東証に上場している約3400社（当時）のうち1000社に満たないくらいの銘柄についてはアナリストが細かく分析した情報が存在していますし、世界中が見ているわけです。

こういったブルーチップ銘柄、つまり誰もが優良銘柄と呼ぶ銘柄群は、どうしたって割高です。だから利益を出すためのトレードとしては、簡単に言ってしまえばカラ売りしかないんです。

でもそれ以外の約2500社は、プロが見ていないと言うと極端ですが、ブルーチップのように常に割高ということもないから、一般的な個人投資家やプロ、セミプロが買い戦略で利益を狙える素地があるはずです。

――全く同感です。

そういう考え方で銘柄を選んでいくと、新興市場はとても魅力的なんです。

林さんが紹介している「うねり取り」は安定した銘柄の自律的な上げ下げを狙うので、対象外になるのでしょうが。

それに、以前とちがってＩＲ※がしっかりしてきているので、個人投資家でも新興市場に上場している会社の社長に会う機会があるじゃないですか。

もちろん社長が素晴らしいという理由だけで株は買えませんが、産業として有望、企業として将来性がある、といった視点で株を買って利益が期待できる、あるいは小規模な会社を経営するワンマン社長の力と株価を結びつけることができるのは、少なくともブルーチップ銘柄ではありません。

※ＩＲ
「Investor Relations」（インベスター・リレーションズ）の略。経営や財務の状況を投資家向けに発信する活動。新興市場上場の会社では、安定株主を増やすために会社説明会を開催するケースも多い。

5．勝つための柔軟性と対応力

――話を聞いていて感じるのは、ＹＥＮ蔵さんの相場に対する柔軟性です。

林さんが実践したり教えているような姿勢と比べると、すごく柔軟なのかもしれません。

実際のトレードにおいては、時間軸が短くて手数（てかず）が多いのでしょう。トレードするうえで、「決め球をいくつも持ちたい」というイメージがあります。〝スキャルピング〟に分類されるような超短期の張り方はしませんけどね。

短期的に大儲けしようという人がいますが、そんな投資商品は絶対にありません。そんなあり得ないことを想像させる情報が活発に飛び交うのがマーケットですが、決して惑わされずに自分のトレードスタイルを確立することが大切です。

でも、そのスタイルを駆使して、いろいろな金融商品にチャレンジして決め球の数を増やしていくのが成長で、長続きにもつながると考えています。

――やはり、引き出しが多いと感じますね。

常に「対応力」を大切にしています。為替の世界では顧客の玉を受けて大幅マイナスでスタートさせられる、なんてことが当たり前なので、そこからどうするのかって考えるわけです。

あるいは大手が動くことで方向性が決まっちゃうから、自分の読みなんか関係なく、そのフロー（流れ）についていくしかないとか。

例えばドイツ銀行に買収された「バンカース銀行」は、少数精鋭でバカでかいポジションを動かすことから一目置かれる存在でした。僕も、「すごいヤツらだな」と感じていました。

頭取自らが「カネ貸して潰れた銀行はあるけど、投機で潰れた銀行はない」なんてうそぶいて、すごく積極的なトレードをする集団だったのです。

そんな世界にいたからなのか、常に状況への対応を意識します。チャートを見て売り買いしますが、「読んで当てる」のではなく対応です。チャートは、ポイントとなる場所を示してくれるだけですから。

――トレードで最も注意している点は何ですか？

儲けたあとの姿勢、ですかね。負けたときに取り返しにいくことよりも、勝ったあとにさらに取ろうとする姿勢が大きな危険をはらんでいると思うんです。

うまくいったあとは「次も」ということでトレードサイズを膨らませたくなりますが、気をつけないと対応できないレベルになっちゃう。どこが適正なのかという基準を決めるのは難しいのですが、儲けて気が大きくなったときでも、儲けた額をすっ飛ばすのを限度にして、それ以上にヤラレないようにしておくことが重要だと思っています。

――例えば1000万円が1億円になったとすると、すぐに10億円を意識してしまうのが一般的な発想ですよね。

そうでしょうね。ですが、10倍になったから「さらに10倍」と考えたって、その通りにはいきません。9000万円儲けた実績で9億円を取りにいくということですから。

膨らませてもいいけど、そのあとの状況に応じて縮小できるかどうか、つまり限定的に膨らませることにとどめられるかどうか、なのかもしれません。

僕自身のトレードを振り返りながら、チャンスのときにもっとサイズを膨らませてもいいのかなと感じながらも、意外と臆病に抑えています。

でも、儲かると思ったら必ず建てるようにしています。そうしないとリズムが壊れますから。また、儲からないときは素直に休むということも確実に実行しています。

——変化への対応ですね。

相場がどうなるかなんて、わかりませんからね。ビジネスモデルを見て投資するって言いましたが、1年後にガラッと変わっていたって不思議でもなんでもありません。

だから為替について値幅で考えたとき、例えば「チャートが語っているから10円上がる」なんて発想は全く理解できません。せいぜい、1円、2円、3円というところじゃないですか、読めるのって。それを取って利益を積み重ねていくだけです。

6. 株価は単なる数字ではない

田代氏の為替ディーラー時代の話で印象的なのは、相場が動く中での〝玉さばき〟だ。慣れ親しんだ世界の日常業務を「撃ち合い」と表現するのだから、かなり激しい駆け引きが日常だったと想像できる。

そんな田代氏が株を積極的にトレードするとき、どんな感覚があるのだろうかという点に興味が芽生えた。

――〝何でもあり〟の為替と比べると、株の世界は制約が多いなんて感じませんか?

個人投資家にとっては、何の制約もない世界だと考えています。ごく当たり前の自由市場だと。マーケットメーカーといった立場ならば、いろいろなルールに縛られていますけどね。

逆に、株には「適正水準」という概念があるので、わかりやすいと思っています。株価の先行きはなかなか読めるものではありませんが、発表されている情報に限定されるとはいえ、一般投資家が勉強して徹底的に調べることも可能です。

だから例えば、ちゃんとした製品を作っていて業績や将来性に不安はない、でも市場の価格は売られすぎている、だから少なくともPBR1・0倍までは戻っていいのではないか、といった発想が通用する場面があるはずです。株には〝アンカー〟となるサポートラインがあり、トレンドによって非常に有効な基準となり得ます。

でも為替って、どこが適正な水準なのかがわからないんです。ドル／円で、90円が適正なのか、100円なのか、あるいは120円なのか――そういう物差しがないんです。

――為替には、上げ相場と下げ相場って概念もありませんね。

はい、為替は単なる交換比率です。よく、金利差とか購買力平価※を持ち出して解説しますが、ピタッとはまることはありません。

株のほうが「企業の収益」という確固たる数字で考えることができる分、相場は相場として読めない部分はありますが、クリアーですよね。

※購買力平価
正確には購買力平価説（Purchasing Power Parity Theory)。モノやサービスの価格は、自由に取引が行われる限り異なる地域をまたいでも1つの価格になる、という考え方を基に外国為替レートの決定要因を説明する理論。

だから株って、簡単だとは言いませんが、時間をかけて努力すれば中長期の投資では必ず報われる、個人投資家がプロを超えられる世界だと思うんです。

為替相場なんて非常に感覚的なものなので、20年やっていてもわからないんです。目先の1円とか2円がわかったとしても、その先は見えません。

――そういう考え方の先に、新興市場も含めた株の魅力という発想があるわけですね。

先ほど「社長に会うこともできる」と言いましたが、企業を調べるという観点では、自分が仕事をしている業界の銘柄なんていう入り方も有効です。

為替が画面上の数字でしかないのに対して、株は僕らが暮らしている社会や生活とつながっています。企業は利益を上げているだけでなく、製品を作ったりサービスを供給して社会を構成している存在ですからね。

――ファンダメンタルズを重視という立場ですか？

マーケット価格の独立性がある以上、理屈抜きの対応力、つまりテクニカルズに根ざした行動は必要です。だから、ファンダメンタルズとテクニカルズの両輪でしょうかね。

例えば為替が1円、2円動くのは、ある意味〝ゆらぎ〟です。でも10円とか15円動くとき、そこにはファンダメンタルズの背景があります。

そうやってファンダメンタルズで動くときはその流れに乗るわけですが、実際にポジションを動かすためには総合的なトレード技術が必要ですし、テクニカルズの観点でチャートのポイントを目安にすることも求められます。

また小さい動きを取りにいくときも、テクニカルズで対応するわけですよね。「チャートが大暴騰を語っている」とか、「神のお告げで10円幅の変動がわかる」なんて言っている人は、まあ勝手にやってくれって思います（笑）。

株だって投機で株価が動く面は大きいので、「割安だから買い」と短絡的に行動することはできません。企業の価値を見たうえで、安いときに買う、高いときに売る、ということです。

でも為替よりは、ファンダメンタルズで考えて理解できる部分が大きいのです。このわかりやすい部分をうまく利用し、自分の得意技でトレードに臨むべきだと考えます。


――そういった状況の〝整理〟は大切ですね。

整理していくと、「楽しみ」という要素にも気づきます。もちろんストレートに楽しみを追求したら儲からなくなっちゃいますが、純粋な「投資」で株主になって、四季報に名前を載せてみたいとか、そんな感覚があってもいいように思います。

実際には、竹田和平さん※のように会社ごと買ってしまうなんて、よほどの資金力がないと不可能ですけど。それに、会社に惚《ほ》れすぎてしまったら結果は出ません。楽しみ、企業の分析、価格を取りにいくトレードと、それぞれの観点を整理しておく必要があります。

でも、感情は否定できません。いろいろな楽しみがあるのが、株の魅力ではないでしょうか。

読み通りに動いてうれしいとか。ブルーチップ以外の多くの銘柄はとても俗人的で、さまざまな点でおもしろいと思います。

※竹田和平
「タマゴボーロ」で有名な、竹田製菓（現・竹田本社）の創業者。100社を超える上場企業の大株主としても有名だった。2016年7月に亡くなった。

——俗人的な部分が悪い方向に向かうことも多いとも思いますが。

まさに「対応力」だと思います。マーケットでの売った買っただけでなく、おカネにまつわる幅広い対応力です。最近は「金融リテラシー」という言葉がよく使われますが、1400兆円ある個人資産が日本の最後の切り札だと思うんです。

だから〝金融機関の収益を助けるために投資信託がある〟といった構図ではなく、一人一人がスマートな投資家になって、自ら投資商品を選別できるようになることが不可欠です。

こんな視点で仕事をしていきたいですね。「お年寄りの話し相手」をすることが多くなるかもしれませんが、資金を持っている人たちの知識や対応力が高まればいいなと思います。

――YEN蔵さんは、個人投資家との座談会みたいな場にも参加していますよね。

「一般投資家」なんて言葉で簡単にくくりますが、実際にお目にかかって相場の話をすると、非常に優れた人たちがいることに驚かされます。金融機関でトレードした経験があるわけでもないのに、プロよりもすごいシステムを仕上げて使っている人がいたりするんですよ。僕は理系ではないしプログラミングの知識もなかったので、いろいろなことを教えてもらいました。

そういうオタク的に研究している人たちって、自分が気づいたことを出し惜しみしないし、素直に意見交換したり批評し合う姿勢があります。勉強になりますし、ものすごく触発されますね。

もちろん全体で見ると、金融機関のトレーダーよりもセンスと技術がある個人投資家はトップの1〜3%です。続いて10%ちょっとの人たちが、まずまずスマートに勝っている投資家。でも中級のレベルに到達できない人がたくさんいて、金融機関のカモになっています。

そういう人たちが負けないレベルに達して長く活動すれば、結果的に金融機関も儲かるはずです。金融業界を、そんな構造に変えていく手伝いをしたいという気持ちです。

株価と生活を結びつける発想は、私が長年、否定的に考えてきたことだ。株主優待で銘柄を選んでも決して安定した利益など期待できないし、小幅な利益を狙って短期で買ったのに上がらず、高配当を理由に塩漬けにする、といったケースを数多く見てきたからかもしれない。

だから、配当利回りを理由に株を買うことはない。ただ、配当金を受け取ったときに金額が大きければうれしいし、株主優待で製品が送られてくれば包みを開ける楽しみを感じる。

そう考えると、「マーケットの価格だけを見る」ことに徹しているつもりでも、株を発行している企業が実生活と密接につながっている部分に、どこかで寄りかかっているのかもしれない。

田代氏は、常に柔軟に構えることでマーケット全体を正確に認識することと、不合理な価格変動に応じて行動する対応力を、実にうまく融合させているように感じた。

マネしてみたいと思う感覚である。

【特別インタビュー】3・11とマーケット

高橋良彰

【エイ・ティ・トレーダーズ 代表兼トレーダー】

「不安の中、いつも通りに仕事をしました」

2011年3月11日の震災直後のトレーダーの行動についてインタビューしたものを紹介する。震災のあと、直接的な被害がなかった人も被災地の情報に心を痛めた。だから、たとえマーケットの話題であっても抵抗があるのだ。

このインタビューは、生の記録を今後の備えとして共有するためのものである。

高橋良彰氏は、プロップファーム（自己資金を運用する会社。プロップハウスとも）「エイ・ティ・トレーダーズ」の代表取締役であり自らもトレードを行う、プレーイングマネージャーだ。

拙著『億を稼ぐトレーダーたち』（マイルストーンズ刊）にも登場している人物で、月間の成績がマイナスになった人がいないという素晴らしいチームを率いている。

私は久しぶりに彼のオフィスを訪ね、3・11後の対応について話を聞いた。

1. 帰宅が最優先課題

――久しぶりに相場の話をしますが、以前のインタビュー（2010年7月27日）以降、トレードスタイルに変化はありましたか？

何も変わっていません。東京工業品取引所（TOCOM）に上場している全銘柄が対象で、手法はサヤ取り、国内限定です。

――地震の時は当然、このオフィスにいたんですよね？

はい、そうです。5階にいたので、かなり揺れました。何よりも、時間が長かったですよね。正確には知りませんが、4～5分間くらいだったという記憶です。

――被害はありませんでしたか？

うちの会社は大丈夫でした。でも隣のビルがうちのビルの方向に傾いてしまい、結局は取り壊されました。地震とは関係ありませんが、向かい側にあった穀物取引所の建物も売却されてなくなりましたし、景色が変わっちゃいましたよね。

――地震が起きた時は、まだ立会の最中でしたが、何かアクションを起こしましたか？

いいえ、特に何もしませんでした。サヤ取り専門ですからね。

地震のあとで円安になって石油製品や金が高騰したのですが、そこで片張りの買いをする者もいませんでしたし、そんな指示を出すつもりもありませんでした。突発的な出来事で守備範囲外のことをやるなんて、あり得ません。

――サヤ取りの場合、荒れた動きになればなるほど仕掛けのチャンスがあるのでは？

その通りなんですが、あの地震の最中や直後に、貪欲に〝取りにいく〟なんてことは、全く想像できません。うちのチームには、そこまでやる人間はいませんね。

相場なんて二の次で、ニュースの映像に釘付けでした。津波の映像は、つらかったですね。「見てはいけないもの」が普通にテレビ画面に映っているような感じで、何をどう認識すればいいのかわかりませんでした。

そんな中で考えていたのは、まずは自分たちの安全確保でした。

私はリーダーとしての責任がありますし、自分自身や家族の安全も考えました。東京都内は結局、ビルの倒壊や火災が起きたわけではなく、停電もありませんでした。うちのオフィスでもパソコンが机から落ちたりしましたが、幸いなことに社内でケガ人は出ませんでした。

しかし交通網がマヒした状態で、大方の人がそうだったのでしょうが、まずは家に帰ることが先決でしたよね。

私の自宅は会社から車で20分の距離にあるのですが、夕方の4時半か5時くらいに出たのに道路が大渋滞で、なんと4時間もかかりました。歩いたほうが早かった、ってやつですね。

——高橋さんの自宅や、社員のみなさんの自宅などは?

私の自宅は高層マンションの18階なんですが、コップひとつ割れませんでした。免震構造なんですよ。

全体にゆらゆらと動くのですが、上下にいくつかの層に分かれて別々の動きをするんですね。上の層はそれなりに動くようですがガタガタと揺れるわけではありませんし、私の家がある中間の層はあまり動かないみたいです。

社員の自宅や親類などにも特別な被害はなかったようで、多くの人が苦しんでいる中で、私たちには当日の帰宅問題があったくらいです。

——会社に泊まった人もいたのですか?

はい、何人かが泊まったようです。

うちのビルは24時間出入りできますし、社員全員がセキュリティカードを持っています。必要なことを確認したあとは、各自の判断に任せました。

――震災後のマーケットの動きで、混乱はありましたか？

トレーダーの一人が自宅に向かって歩いている時、彼が出しておいた指し値が夜間取引で出来てしまい、それが今回で最も大きな被害を生みました。

通常ならば出来るはずのない、現在値から大きく離れた指し値で、たまに起こる一時的な大きなブレで約定されてしまい、それこそ指し値が入った瞬間に利益が確定するといった狙いのものでした。

たしか、ガソリンだったと思いますが、とにかく石油製品で、震災当日に千葉の石油コンビナートで火災が起こり、それが報じられたことで当限《とうぎり》の価格が極端に上昇したのです。そして当限の売り指し値が出来、サヤ取りですから、自動的に執行される先限《さきぎり》の買いポジションも出来ました。

ところが、当限はさらに上昇したのに先限はそれほど上がらず、平時にたまたま起こるブレとは異なり、サヤ取りのポジションがつくられたあとも、どんどんサヤが開いていってしまったのです。

もちろん、会社に残っている人間は気づいていたわけですが、それぞれのトレーダーは独立して行動していて「他人のポジションはさわらない」のが不文律ですから、そのまま放置ですよね。

私も報告を受けましたが、「仕方がないよね」としか答えられませんでした。かなりテンパっていた状態だったので、細かくは覚えていないのですが……。

とにかく無条件でダメなポジションを持ってしまったわけですから、とっとと切るだけですよね。週明け月曜日の寄付で仕切りました（手仕舞いして損を確定した）。

数量は40～50枚程度でしたが、この注文1本だけで約1000万円の損が出ました。

理屈からいえば、千葉のコンビナートが爆発しただけで先物マーケットが大きく動くほどの混乱につながるはずはないのですが、当限だけが異常に反応してしまったんです。当限の動きが荒いことに加えて、参加者が少なかったこともあったのでしょう。いずれにしても相場ですから誰にも文句は言えませんし、そもそも理屈なんてないのですが……。

だけど震災後の数カ月は、国際商品の出来高がかなり増えましたよ。現在、1日1万枚できるかできないかの銘柄が毎日、数万枚の出来高を伴うほどの活況でした。

2. 腹五分目

——出来高が増えて思惑が交錯すれば、素早い上げ下げがあって、サヤ取りのチャンスは多かったでしょうね。

そうですね。多くの地域で津波の被害が出ているのに〝不謹慎〟だという気持ちがありましたが、これもマーケットのことですし、サヤ取りはマーケットを荒らすようなトレードではありませんから、ふつうに場を見ながら通常業務を行いました。

だけど、ここぞとばかりに力を入れたわけではありません。もともと腹八分目、いや「腹八分目もいらない」をモットーにしていますから、特殊な状況下の荒れ場に対して〝腹五分目〟と設定し、チーム全体に徹底させました。それでもまずまずの利益を取ることができました。

より儲けることよりも、余分なケガをしないことが第一です。それに、マーケットが平常に戻ったあとのことが重要です。安定した利益を得るいつものやり方に戻るというのが、大切なことだったのです。個人投資家は「臨機応変に」と動くのかもしれませんが、私たちはプロですし、何よりもチームですから。

――震災後、商品先物マーケットならではの動きというのは？

まずは為替ですよね。地震の直後に円が売られましたが、あっという間に今度は円高になりました。これによって国際商品、わかりやすくいえば日本にとっての輸入品の価格が大きく動きました。荒っぽい動きでしたね。

単純に考えれば、日本経済の停滞で円安、原発の件で需要が高まって原油高、一緒に生産されるガソリンが供給過剰で下落……といろいろなことが考えられますが、一過性の需要とその反動といった観点もありますし、国際商品に大きくかかわってくる為替相場が円高の方向に動いたのですから、マーケットそのものが動いていたと認識するしかありません。

円高は金の国内価格の値下がりにつながりますが、〝有事の金買い〟という動きで上がりました。サヤ取り専門なので、個々の銘柄のトレンドをきちんと見ていないし、見ていたとしてもちゃんと記憶していないので、かなり大ざっぱな説明しかできませんが。

――株価指数先物・オプション市場では、ミスプライスの連続だったようですが。

商品相場では、ミスプライスはありませんでした。単純に参加者が増え、さまざまな思惑で活発に動いた、というだけでしたね。

だから、あまりドラマチックなこともありませんでした。私個人は原発のことは心配していなかったのですが、各地で大きな被害が出たうえに余震が続き、みんなが悲しみと不安に包まれていたわけです。その中で、いつも通りに仕事をしただけのつもりです。

このインタビューも、「どうやって儲けたか」だけを聞かれるのだったら、最初から断っていたと思います。

――震災後の数カ月は思惑が交錯してかなり出来高が増加しましたが、また静かになってしまったようですね。

そうですね、不招請勧誘禁止※の問題が大きいと思います。総合取引所で商品先物を扱って参加者が増える、といった期待もあるようですが、どうなんでしょう。

とにかく、可能な限り今まで続けてきた手法を守り、国内マーケットを対象に地味な仕事を継続していきたいと思っています。

※**不招請勧誘の禁止**
投資家（消費者）からの要請なしに勧誘することを禁止する法律。商品業界の行きすぎた勧誘行為に対しての規制だが、行政側のあり方も含めて多くの議論がある。

予想した通りハラハラドキドキするような話はなかったが、あらためてこれまで通りの高橋氏の考え方に触れ、ホッとした気分だった。当然のように利益を追求しながらもマーケットとの距離を一定に保ち、常に人と人のつながりを考えている——立場や資金量に関係なく、お手本とするべき姿勢だと思う。

また、専門の手法を持ち、常にそれに集中していることの強みを再認識した。

マーケットに突発的な動きがあるたびに何件かの電話を受けるのだが、興奮しながら必ず「今回だけは特別ですよね」とみなさん言う。

どんな動きも〝単なるマーケットの変動〟と考え、それを想定しておく、想定があっても判断に迷ったり行動できないほどムリな売買をしないといった、戦略と心の備えがトレードの要といっても過言ではないだろう。

村田美夏

（ウルフ村田）

知性の奥に野生が光る
行動派の女性トレーダー

「トレードすることで人とつながりたい」

村田美夏氏は、プロとして十数年の実績を持つ独立トレーダーだ。東京大学経済学部をトップで卒業したあと金融業界に入り、現在は自己資金による株式トレードを行うかたわら、起業する若者の支援活動にも積極的にかかわっている。また国連の経済社会理事会の諮問機関として一般協議資格を持つＮＧＯ団体「ＢＰＷ」でも活動しているという、とても興味深い人である。

専業トレーダーというと、時間的に余裕があって実にゆったりとした雰囲気の人が多いが、彼女は多くの集まりに顔を出すなど、常に忙しく活動している。仕事で知り合って以降、トレーダーというよりも、一人の人間として詳しく話を聞いてみたいと思っていた人物だ。

インタビューは２０１３年12月11日、林投資研究所のオフィスで行った。

1. 長銀の破綻

――美夏さんは、株専門ですよね。株のトレードを始めたきっかけは何ですか?

育った家が、いわば金融一族だったのです。まず、金融機関で働く人がたくさんいました。それに、大企業の財務部の管理職などですね。素晴らしい人たちばかりなのですが、尊敬する親類の一人で母方の祖母の弟は、東京証券取引所に入って専務にまでなり、大納会や大発会で「いよ～っ」って発声する役目を10年間務めていました。

親戚同士の交流は活発で、集まると自然に金融の話題が出ましたし、株式の銘柄に関するベタな情報交換もありました。インサイダー情報みたいな暗い話ではなく、銘柄の動向、市況といった、ごく普通に株好きの人の会話でしたね。

私の父も、三菱重工の資金部に勤めていました。ですから自宅の書庫には、例えば『転換社債の○○』『連結決算のすべて』といったタイトルの本をはじめ、金融市場、株の取引に関係する実務的な書物がたっぷりとあったんです。林さんのお父様、輝太郎先生の本も何冊かありましたよ。

とにかく金融取引に対して、情報が豊富でオープンな環境だったんですね。だからでしょうか、もともと株式投資に対してものすごく良いイメージをもっていました。

ある時伯父が、奥さん（伯母）から「冷蔵庫を買い換えたい」と言われ、用意した現金で冷蔵庫を買うのではなく、その資金で株の売買をした利益で冷蔵庫を買ったことを覚えています。そんなエピソードが、とてもふつうに伝わってくるような状況だったのです。

そのような環境で育ったせいか、自分でも株を取引したいと思い、大学生の時にトレードを始めました。

――軍資金は？

アルバイトに精を出して１０００万円貯めました。でも、水商売はしていませんし、違法行為もしていません（笑）。

大学にいたのが89年から92年でしたから、学生でも時給の高いアルバイトがありました。だから工夫と頑張りで、効率良く貯金することが可能だったんです。

――それにしても、かなりの頑張りですよね。ちなみに、大学時代の専攻は？

東大の経済学部でトップと称されていた、根岸隆先生の『理論経済学』ゼミにいました。親戚の人たちはみな専門家でしたが、学者のような人はいませんでした。そのせいか、ちょっとアカデミックな観点からも経済を学んでみたいという気持ちがあったのだと思います。

また伯父が日立グループの連結決算書を作成していたので、「決算書は会社を映す鏡なんだ」といった哲学に加えて、財務諸表の見方を教えてもらうなど、さまざまな視点から金融を見ることができたので、とても恵まれていたと思います。

——卒業して長銀※に入社したんですよね。美夏さんが入社した時には、いわば存続が危ぶまれるくらいの状況だったのでは？

株の取引を続けながら、金融のことをもっと実地で学びたいと考えていたから「金融機関」に就職したのですが、たしかに長銀は良くない状況でした。でも当時は、女性というだけで就職先の選択肢がかなり限られていたのです。そんな中で長銀は私に対して「ぜひ」と言ってくれたので、求められる場所に行くべきだと考えて決断しました。

でも入社後、「なぜ大学の成績は良かったのに、こんなに事務仕事ができないんだ？」と言われてしまいました。文章を書くのが苦手でしたし、「しゃべりだけでどうにかなる職種にしてください」と願い出て、上司にあきれられたくらいです（笑）。

例えば融資案件が1つあれば、詳細を記した書類を仕上げなければいけないわけですが、そういうのがダメだったんですね。

※長銀＝日本長期信用銀行
吉田茂内閣が打ち出した「金融機関の長短分離」政策に沿って長期資金の安定供給を目的にしていたが、産業・金融構造の変化の中で不動産に対する融資が不良債権化して経営難に陥り、98年の国有化を経て現在の新生銀行になった。

――それならば、証券会社がよかったのでは？

証券会社だと、大好きな株の売買を制限されてしまうと思ったので……。

――なるほど。で、長銀ではどんな仕事をしたのですか？

最初に配属されたのは、国際部門でした。国内企業向けの外貨建て貸付があったのですが、すでに不良債権化していた部分があり、その処理が強く記憶に残っています。

例えば返済が滞って金利も入金されなくなると、払ってもらえない金利に対しても「利息損害金」（利息に対する遅延損害金）というものが発生します。要するに利息にまで利息のようなものがついてしまう、とても厳しい状態ですね。

すると突然、その貸付が「不良債権かどうか」という判断が行われる場面が出てくるわけです。担当者としてはこれまで通りの大切なお客様なのに、そんな観点を気にすることになるのですから、仕事とはいえ、助け合うためのつながりなのに……と、非常につらい部分がありました。

そのあとの名古屋支店では、会社の状況が悪化する中で苦戦しました。

長銀は大きな金融機関だったので、いわゆる中小企業との取引はありませんでした。しかし私が担当したのは、トヨタのような大企業ではなく、規模が小さめの地場の優良企業で、貸付や上場のサポートなどが主な業務でした。

でも、そのころ長銀そのものの格付けが下がったので、市場からの調達金利が上昇してしまいました。要するに信用力が落ちて〝仕入値〟が高くなったわけですから、適正なスプレッド（金利差）を乗せて貸付に回そうとすると、ほかの金融機関よりも明らかに高くなってしまうんです。

それどころか、大手の事業法人のほうが有利に資金調達できるくらいの状態でした。

――ストレートに表現すると、その時点ですでに銀行として機能していなかったわけですね。

そうですね、とても苦しい状況でした。既存の取引先に対しても、まっとうなサービスを提供できなくなっていったわけですから。

金融機関の信用力が低下していく姿を内部から見ていたという点では良い経験をしたともいえますが、そのころはお客さんに対して、とにかく申し訳ないという思いでしたね。いくら知恵を絞っても、ごく当たり前の業務が成立しないんですよ。

——早めに逃げ出した社員も多かったでしょう。

はい、男性社員の一部はそういう行動に出ました。でも、私なんかを拾ってくれる企業はなかったと思います。ＭＢＡ※を持っているとかクオンツ※の知識があるとか、そんな特別な能力はありませんでしたから。

それに何よりも「悪くなったから辞めちゃう」といった考え方がイヤだったので日々、自分にできることを考えていました。

そして、「ここを乗り切れば……」と歯を食いしばっているときに破綻が確定しました。１９９８年、私が30歳になる年のことでした。

とても残念でしたが、就職したことを後悔などしていません。そして大学卒業後の５年間は、素晴らしい先輩や同僚に囲まれて仕事に取り組むことができた、そんな時代でした。

※ＭＢＡ
経営管理学修士、Master of Business Administrationの略。

※クオンツ
高度な数学や数理モデルを使ったマーケットの分析、投資戦略や金融商品の考案・開発のこと。

村田氏は、私が出演するインターネット放送の現場に友だちとして顔を出してくれるので、スタジオの近くで一緒に酒を飲んだりしている間柄だ。ベタな相場談議よりも日常のたわいない話のほうが多いのだが、彼女がパソコンを取り出してトレードのことを語り始める機会もある。

実に明るくエネルギーに満ちあふれた話しぶりなのだが、別の見方をすると、なんだか〝初心者がはしゃいでいる〟ようにも見える。同じプレーヤーとして、確固たる戦略を基に流れを見ながら個々のトレードを振り返る彼女の姿が好きなのだが、たぶん数回会っただけでは、金融一族で英才教育を受けたなどとは想像できないのではないか（失礼）。

詳しく話を聞けば安定して利益を出しているのだと確信できるのに、ポジショントークには真逆のイメージがあるという、なんとも不思議な人なのである。

続いて、長銀の破綻処理後の、トレードを主体とした活動について詳しく聞いた。

2．トレーダーとしてデビュー

――破綻後は、どうしたのですか？

２０００年に新生銀行として生まれ変わるまで残り、残務処理をしていました。そのあとは、簡単に言えば現在の独立トレーダーという立場です。
まずはトレードで利益を上げ、余った分でエンジェル投資※というスタイルですね。

※エンジェル投資
創業間もない企業に資金を供給する事業、つまりベンチャー投資のことだが、規模の大きいベンチャー投資とは区別された「個人投資家による小規模な資金供給」を指す。

――上場株のトレードだけでなくエンジェル投資をする理由は何ですか？

銀行で働いていたころ、〝真面目に努力する企業を金融で支援する〟〝有益なアイデアを提供する〟というテーマにたどり着き、現在もその路線を進んでいるつもりです。ただ、銀行という器がなくなってしまったので、「今度は自分の資金で」と考えたわけです。

――日本ではベンチャー投資に関する情報網や仕組みが未整備なので、苦労したのでは？

自分なりの基準をつくるまでに、それなりの時間がかかりました。でも続けてきた結果、起業して真剣に努力する若い人たちとのつながりは楽しさいっぱいで、私にとっては貴重なものとなっています。

当たり前のことかもしれませんが、資金を提供すればいい、というわけではありません。アイデアだけの若い人にはふつう、その人を育てられる経験者が必要です。状況に応じて私自身が手伝ったり一緒に経営を考えたりすることができればいいのですが、これには物理的にも能力的にも限界があります。

もちろん「資金提供だけで大丈夫」ということもまれにあるのですが、私の人脈の中から接点がありそうな人を紹介することで事業が軌道に乗るケースがけっこうあります。私のそういうアイデアや決断で喜んでもらえることが、うれしいですね。

今までいろいろな案件に遭遇して学んだので、40歳になって以降、おカネだけを出すというやり方はしていません。中途半端に資金を提供したって、お互いが不幸になるだけですから。

市場でのトレードにはない難しい部分であり、社会人として活動するうえでの魅力みたいなものがあります。

――なんだか、マネしてみたくなりますね。ところで、長銀を辞めて独立する時点で十分な資金があったのですか？

大学生の時代、そして長銀の時代と、株のトレードは続けていました。あまり頻度は高くなく、ジッと見ていてチャンスだと思ったときにポジションを取るという、地味なやり方でした。林投資研究所が示すような相場師像とは異なり、一般に公開された情報をベースに大きな流れに目を向け、確信が得られたときだけに出動するという、特に説明するほどの特徴がない、選別投資の手法です。それでもコツコツと利益を重ねていましたし、新規公開が活況だったときにうまく立ち回って資金の増加が加速したので、長銀が破綻して独立する時点で1億円の資金を持っていました。

――素晴らしいですね。では、現在の基本的なトレード戦略を説明してください。

基本的には「買い」です。さまざまな観点と理論があると思いますが、長銀の時代から「企業を支援する」という発想があるので、利ざやを求めるトレードであっても、買いから入るほうが心地いいと感じます。カラ売りも手法としては使いますが限定的です。むしろ、十分に下がるまで待ってから買うというイメージのほうが強いですね。

ちなみに長銀は破綻が決定する過程で、外資によるカラ売りでいじめられました。カラ売りは制度として認められていて、マーケットの厚みが増して価格形成や流通を向上させる効果があるわけですが、金融が肥大化してからは極端な使われ方も見られます。大いに疑問ですよね。

――銘柄の選定は?

そこは企業秘密ですし、手法をブログや本に書いているわけではありませんから、説明の言葉を探すのが難しいという問題もあります。でも、概略を話すことはできます。

いくつかの観点からきちんと調べ、成長性のある企業を選びます。もちろん、目先の業績推移でもなければ業界紙が取り上げるようなテーマでもなく、ちゃんと経済の時流に乗り、かつ、目利きのヘッジファンドなどが選定するような優良銘柄ですね。

そういった銘柄を10銘柄、多くても20銘柄という範囲で注視していきます。


――バイ・アンド・ホールド、ではありませんよね？


バイ・アンド・ホールドではありません。日本のマーケットでは長期保有で結果を出すのが難しいですし、どうしても人気による値動きがありますから、成長性をベースに絞り込んだあとは人気に乗ってトレードする、という考え方です。だから値動きに応じてポジションを動かしています。だから買いだけでなくカラ売りも、そのポジション操作の中で限定的に行っているのです。

「成長性」という尺度も机上の空論では意味がないので、マーケットで評価され、〝買いを集める〟成長性であることが不可欠だと考えています。だからその延長として、例えば成長する過程で新興市場から一部市場に上場する際の人気に乗るというような、イベント投資的なことも行います。

かたくなに手法を絞るというスタイルではなく、少し幅を持ってチャンスを拾っていくイメージだと思います。

――成長性のある銘柄をじっくりと手がける一方で、デイトレードも積極的に行っていますよね？

長銀を辞めて専業トレーダーになった時点で、自分自身の状況が全く変わっています。プロとして、より安定した結果を出すことが必要になりました。そのかわり、自由に時間を使えるようになったわけです。

まずは過去の経験を基に、トレードの頻度を少し高めました。これは当然として、ネット取引の環境が整う過程でデイトレードを並行していく方法を思いつきました。割と自然に、「ここにも十分なチャンスがある」というだけの理由でしたね。

――2つの方式を同時に行って、混乱しませんか？

その懸念はあるので、管理には気をつかっています。取引口座を分けてそれぞれに資金を配分し、頭の切り替えに努めています。長期のトレンドを見ている銘柄には、ポジション操作によって増減はありますが、約1億円を充てています。それとは別に米国株なども持っていますが、デイトレード用に信用取引の枠を約2億円維持し、余裕資金としての現金も確保しています。

このような感じで今のところ混乱はないのですが、全体の管理は重要なので、常に確認するようにしています。

――デイトレードの銘柄は、また別な基準で選ぶわけですよね？

デイトレードですから、比較的コンスタントに値動きのある銘柄を選ぶようになります。自分の基準を言葉にするとどうなるのかが、それほど明確ではありませんが、一定の価格帯を往来するような銘柄を選んでいると思います。

でも、長期で手がける銘柄もデイトレードの銘柄も、「下値不安がないものを選んで、基本的に買いから入る」という点で共通しています。２つの軸で何もかもがちがっていると、独りでは管理しきれないように思います。

それに、たとえ目先を追うデイトレードであっても、実際の株価のサイクルは長いので、長期戦略の銘柄と同じように、過去20年程度の上げ下げまでチェックすることは習慣にしています。

また、反対売買のことを考えれば一定の流動性がないといけないので、動きがあればそれでいいということにはなりません。だから、何でも手がけた結果として散らかってしまう、なんてことにはならないのだと自分では考えています。

――完全なデイトレード、つまり日計りが多いのですか？

いえ、状況によってはその日のうちに手仕舞いしますが、翌日や翌々日に持ち越すことも、私の標準的な方法です。スイングトレードではありませんが、ザラ場で小幅の利益を取っていく、いわゆるスキャルピングの手法でもありません。

――デイトレードで注意していることは何ですか？

デイトレードにはネット取引を使うので手数料は非常に安いのですが、その安い手数料に頼っているとうまくいかないと思います。手数料自由化前の対面取引の環境、つまり往復で約2％を支払っても気にならないくらいの変動を狙うほうが、良い結果につながると私は考えています。

周囲の人のミスや自分のミスを総合的に分析してみると、手数料が安いという理由から「いつエントリーしてもいい」みたいな発想が生まれたときは、やはり売り買いが雑になります。損切りが遅れますし、集中力が不十分だったりするはずです。

――デイトレードでは、レバレッジを利かせていますか？

はい、信用取引を使って膨らませますね。林投資研究所が示す「片玉2分の1」という手堅い基準とは異なりますが、1日あるいは数日間の変動幅を計算して割り出しています。

でも、膨らませすぎてしまうという心配もありますよね。

――実際に「やりすぎちゃった」ということも？

日々の動きを追っているうちに今年（２０１３年）、１銘柄あたりの金額が増えてしまいました。自分でも違和感を覚えましたし、周囲の人の助言にも耳を傾け、あらためて資金配分を見直した経緯があります。トレードではスタイルを固定することが大切ですが、試行錯誤も必要ですよね。

でも、人間がやることなので計算通りにはいきませんし、同じことを続けているつもりでも知らないうちに狂いが生じます。そしてその狂いは、意外と大きくなるものだと思うのです。


――気持ちのズレみたいな部分ですか？


はい、トレードは感覚的に行う部分が大きいので、どうしてもズレが生じます。例えば信用取引の枠が2億円分あるといっても、それは自分のおカネではありません。信用の建玉なんて、ただの借金ですから。それなのに毎日トレードをしていると、自分のおカネのような気がすることもあるわけです。ただの錯覚なんですけど、勝っているときにはそういう方向に傾いちゃう――。

奇妙に思われるかもしれませんが、まとまった現金を引き出して眺めてみることがあります。

そして、「先月○○で損して、この半分が消えたんだよな」なんて物思いにふけるんです（笑）。

損金が出たら現金で決済しますが、その現金だって口座の中にありますから実感が薄いわけですよね。もちろん「カネカネ」って考えていたらトレードなんてできませんが、自分が完全にデジタルの世界に行ってしまうと、これはもうどうしようもありません。トレードの世界と現実を、どこかでつなげておかないと大失敗すると思うんです。破産するケースでは、常識的な人なのに100万円も1000万円も同じに思えてくるようなことが起こるのではないでしょうか。

最も気をつけているのは、取れるときだけ取りにいくということです。トレードの幅を広げても、いつでも取りにいく姿勢だと近視眼的になってしまいます。「一生懸命にならない」「必死にならない」というのがキーワードで、やらないときは徹底的にやらないで見ているだけですね。

ふだんの会話で村田氏は、儲けたことよりも失敗した話を持ち出し、「今朝、これを3万株買ったら爆下げして……」といった具合に自虐的な話し方をする傾向がある。

彼女なりに自己開示することで、周囲の人からのストレートな意見を取り入れようとしているようだが、私から見れば非常に誤解を招きやすい部分だ。そもそも一貫性のないことをしていたのなら、10年以上もトレードだけで生活できるはずがない。だが適切なポジション管理や自己管理を行っていることは、じっくりと話を聞いてみないとわかりにくいのだろうと思う。

そんな事情を差し引いてもなお、トレードに対する特別なエネルギーがどこからわいてくるのかという疑問が残る。その疑問を解くために、「なぜトレードするのか」という根幹の部分についても詳しく聞いた。

3. トレードを続ける理由

――ところで美夏さんは、エンジェル投資だけでなく寄付の活動もしていますよね？

はい。エンジェル投資や、それに付随する各種の支援などと同じ感覚で行っています。

例えば私が所属しているＮＧＯ団体「ＢＰＷ」では、国連で行われる会議に若い人を連れていくという仕事があるのですが、優秀で若い人が余裕で休みを取って航空券や宿泊代も負担できるとは限りません。むしろ逆です。しかし全額を誰かが負担してしまったら「自立心が育たない」というような論理もあるので、人選を行うかたわら費用の一部分を私が負担しています。

あとは、農業のビジネスプランコンテストを援助したり、出身校を含めた数校の学生たちを対象に、彼らが自発的に行う活動を助けたりもしています。

――BPWとの出会いって何だったのですか？

ＡＰＥＣ※が２０１０年に日本で開催した会議に、経産省の人の紹介で参加していたのですが、そこに参加していたＢＰＷの人たちと出会ったのがきっかけでした。

※APEC、エイペック
アジア太平洋経済協力、Asia-Pacific Economic Cooperation。
太平洋を取り囲む21の国と地域の経済協力を実現する枠組み。

――行動範囲が広いと、いろいろなことがありますね。ちなみに美夏さんが代表を務める「サクセスワイズ」という会社が、個人的な援助活動の基盤となっているのですか？

そうです。最初は個人でやっていたのですが、信用を築いたり活動をスムーズにするためには法人化したほうがいいというアドバイスを知人からいただいたので、平成22年（２０１０年）２月２日に会社を設立しました。

――そういう話をあらためて聞くと、美夏さん自身はさっぱりとしているのに、一方でガツガツとトレードする部分があることを納得できます。

そう言ってもらえると、うれしいですね。専業トレーダーなので株で利益を上げないと生きていけないのですが、なんだか自分のことだけを考えていると落ち着かなくて……。

きれいごとに聞こえてしまうかもしれませんが、「トレードで生活費を稼いでいます」っていうのもなんだか気持ち悪いんですよね。トレードで勝って、「これで今夜、何人かと食事を楽しめる」みたいなのが心地いいというか……うまく表現できませんけど。

――でも、周囲から頼られすぎることもあるのでは？

多少はあると思います。だから、「村田さん少し援助して」みたいなことを一方的に言われると、気持ちがなえることもあります。

非常に微妙なところなのですが、同じことをするにしても、それが義務になってしまうと重たいものになり、余分な足かせがなければ楽しい目標になります。

だから逆に「自分のために」っていう気持ちが強いと、どこかで必死になりすぎてしまうんです。勝ったら人を助けることもできるという気持ちが、良い結果にもつながるようです。

――個人で行うことなので、それこそブレが生じたりしますよね？

その通りです。でも私の原動力みたいな部分なので、システマチックに組み立てるのが難しいというか……。しかしＢＰＷという組織があって経験豊かな人がいたり、サクセスワイズを某大手企業の人が援助してくれながらチェックしてくれたりと、筋の通った活動を維持する仕組みは出来上がっていると思います。

単純に個人で行っていたころと比べて、〝レイヤー（階層）が上がった〟という言葉で私は評価しています。社会的に一段上になり、より効率的、より機動的になったと感じているので、それはうれしい限りです。

こういった社会貢献的な活動も、ガツガツと利益を取りにいくデイトレードも、一定のかたちがあったほうが安定するというか、安心して直感的な行動を取れるという共通点があると感じます。ですからトレードについても、過去の経験を振り返りながら、レイヤーを上げていく努力をしていきたいと考えています。

トレーダーというのは、しがらみがないかわりに孤独だ。

だからトレードを継続していくためには、内向しすぎないように注意する必要があり、人それぞれで工夫を凝らしている。

だが例えば、「相場でメシを食っています」と公言することに抵抗があるという理由でトレード活動を会社組織にしている、つまり公的な書類などに「会社役員」と書くだけの人も多いようだ。

独りで相場を張るくらいだから不器用で、友だち関係をうまく築けない人も少なくない。

そんな中で村田氏は、特別に器用とはいえないものの、持ち前の行動力で周囲の人とつながりを保ち、孤立することなく社会人としての地位を不動のものにしている。

彼女にとって、そういう立場を違和感なしにつくる手段が社会貢献であり、エンジェル投資やそれに付随する人助けのようだ。

人は、目標なしでは継続的に行動できない。

「資金を1億円にする」というのも目標だが、「なぜ1億円なのか」「その1億円で何をするのか」という〝達成した状態〟をリアルに想像できないと、苦労しながらトレードを続けていくエネルギーなど生まれない。

村田氏は自身の目標が「人とのつながり」という点で明確だし、単なるモノではないから相乗効果を生むという点で魅力的だと思う。

インタビューの途中までは本当に照れながら自分のことを語っていたのだが、後半はとても自然な表情で次のように話した。

「個人個人が、それぞれ持ち前の能力を発揮して助け合うのが社会です。私の場合はたまたま、金融というかトレードが自分の役割みたいなものなんだと思っています」

これからも長くつき合っていきたいと感じる、実に〝男前〟の女性トレーダーである。

沼田 武

（アンディ）

相場を極めるために日夜、超ド級の研究に没頭する独立トレーダー

「予測を行動につなげる純真さを求めています」

相場をやりたい一心で商品先物会社に入社した沼田武氏は、相場を始めて以来、常に実践と研究を積み重ねてきた結果、現在は独立トレーダーとして生活している。

そして十分なノウハウと経験を手にした今も、さらなる研究に大きなエネルギーを注ぎ、利益が出ている手法をより強固にすることよりも、新しいことを発見しようとする姿勢が驚くほど強い。

このインタビューも、彼の連続徹夜で延期になり、さらには「先日発見したことを試したい。夕方以降もロンドン市場を見ながらトレードできる環境にいたい」との申し出によって、沼田氏が住む超高層マンションのロビーで行うことになった。

２０１５年４月21日の夜、私たちは食事をガマンしながらも相場談義で盛り上がった。

1. 満玉張って倍々ゲーム

――相場を始めたきっかけは何ですか？

もともとは親戚や身内に、商売をしながら相場も大好きという人が多かったのですが、僕自身も日興證券システムセンターのプログラマーだったので、そのころに「相場をやりたい」という気持ちが生まれました。

その思いを実現するために、商品先物会社に転職したんです。数社で営業に従事しましたが、最初の会社は手張り※をやり放題で、自分の望み通りになったのです。

※手張り
証券会社や商品会社の職員（特に営業マン）が、自分で相場を張る行為。内部規定で完全に禁止している会社と、一定の条件で認めている会社がある。状況によっては、「制限を超えた自己の売買」あるいは「顧客の資金で勝手に行う自己のための売買」を指す。沼田氏の場合は、純粋な自分の資金による売買。

――そうですね。当局のルールや世間一般の〝あり方〟ではなく、〝仁義〟が通るかどうかみたいなホンネだけの世界でしたね。

実際、スーツに社員章をつけたまま別の商品会社に行って、堂々とカウンターに座って口座開設していたり……バレバレで、向こうも笑ってるんですよね。不良外務員ですよ（笑）。

今では考えられません。

——では、先輩社員の手ほどきか、悪魔のささやきで相場を張ったわけですね。

先輩だけじゃなく上司まで、こうやれ、ああやれと教えてくれましたね。

スゴイ時代でした。

——どんなことを教わったのですか？

ちょっと怪しげな情報が中心でした。「この限月に、とんでもない因果玉があって……」みたいなヤツです。ところが、その通りに張ると当たるんです。怖さを知らないから常に証拠金いっぱいの枚数で、当たり続けるうちに資金が膨らみました。ほんの駆け出しの段階で、口座の残高が1000万円になりましたから。

仕手の本尊に極めて近い人から情報をもらったこともありますし、そういう〝相場を動かしている〟人たちが、まさに目の前にいました。同じ会社の先輩が、マムシの本忠こと本田忠氏の担当者だったこともあったんですよ。

また営業マンとして、誰もが知っているような大物から注文をもらっていたこともあります。だから、手張りの情報を得るといったことよりも、そういうダイナミックな相場の世界を目の当たりにしていた経験が、とても貴重なものだったと今では思っています。

仕手戦だけではありませんでした。例えば暴落して、取引所が「価格を支えたい」と考えたとき、そういった大物に依頼するんですね。こういった表には出ない状況を、けっこう生々しく見ていました。米国で株が下がったときに、ウォーレン・バフェットが芝居がかって登場するのと同じ構図ですよ。

――実に面白いキャリアを積んできたんですね。ところで、「アンディ」というのはリアルなミドルネームなんですか？

いえ、ちがいます。勝手につけて使っているニックネームです。

でも、ちょっとしたこだわりがあるんです。「ショーシャンクの空に」という映画があるんですが（編者注：日本での公開は１９９５年）、その映画の主人公の名前がアンドリュー・デュフレーン、通称アンディなんですね。ティム・ロビンスが演じていました。ご覧になりましたか？

――話題になったのでタイトルは覚えていますが……。

銀行マンだった主人公のアンディが、冤罪で終身刑となってショーシャンク刑務所に服役するんですが、最後は脱獄するんです。映画のラストシーンが逃亡先のメキシコの海岸で、そこに映る青空が心に響いたんです。

ちょうどその映画を見た当時、相場で負けて3000万円のアシ※があったんです。落ち込んでいたわけです。で、「アンディのように生き、彼と同じに抜けるような青空を眺めよう」と強く思ったのです。

実話を元にした映画なので、自分の境遇に当てはめて、とても強く心に刻まれたわけですよ。その気持ちを保つために、アンディという名前を使っています。

※アシ
相場で口座内の証拠金以上に損を出し、取引会社に残ってしまった借金。

――ちゃんとヤラレたんですね？（笑）

はい。1993年5月に、乾繭《かんけん》の相場で、大きくへこみました。とにかく僕は、勝ち続けた経験だけを根拠に素直に情報を聞き、ずっと満玉張りっぱなしのイケイケでした。そして、その時は仕手戦に絡んで売っていましたが、ガツーンと9連続ストップ高なんて状況で……最終的には売り方が勝ったのですが、資金力もなく資金管理の発想もない僕は、途中でバンザイですよ。

でも当時の商品業界は、80年代のバブル期の株式市場みたいなもので、何も知らない一般の人がボストンバッグで1億円の現金を持ってきて「乾繭、買ってくれ！」なんて……今では「乾繭」という文字すら、多くの人が見たこともないし、読めないくらいじゃないですか。

まあ、面白い時代でした。

相場の業界にも現在は確固としたルールがあり、「特殊な世界だから」といった極論でヤンチャをすることなど、ほとんど聞かなくなったが、以前はカネが飛び交う閉鎖的な空間だけに通用する、不思議な常識がまかり通っていた。

証券と商品では異なるし、会社によっても差があったが、例えば結果を重視するがゆえに「好成績のセールスなら上司を殴っても問題にならない」とか、「セクハラという概念すら存在しない」という具合に、説明しきれない世界観があったのだ。

とはいえ、基本的には顧客の売買を取り次ぐブローカーの仕事だから、自己売買の部門以外の人間が〝相場に夢中になる〟のはお門違いというのがオモテのルールだった。

だから、「相場をやりたい」と業界に入ってすぐに諸先輩から手ほどきを受けたという沼田氏の境遇は、実に恵まれていたのではないだろうか。

2.「東京時間足」で世界を見通す

——今は、商品相場はやらないんですよね？

全くやっていませんね。為替と株だけです。昔の商品と同じように、「東京時間足」で値動きを見ることができるもの、というのが僕の売買対象を決める基準なんです。

——著書のタイトルにある「東京時間」というものですか？

それです。世界中で取引され、結果的に24時間取引が実現している銘柄でも、東京の「9時〜17時を基準に見ていくことができる」というのが、僕にとっては重要な条件なんです。

——ちょっと話がそれますが、本で手法を公開するなんて興味がなさそうなので、何冊か著書があること自体が意外ですね。

そうなんですけど、お世話になった人からの依頼などで書いたという経緯があるんです。

——なるほど。では、「東京時間足」の件に戻ります。為替の取引は24時間なので、東京、ロンドン、ニュー

ヨークと、それぞれの時間帯を区別しながらも総合的に観察するのが一般的な発想のように感じますが、東京だけを切り取るわけですね？

はい。〝あえて〟切り取るんです。そして、ロンドンやニューヨークは見ない。といってもトレードしないわけではありません。東京時間だけを切り取ってローソク足を作ると、それによってロンドンの値段もわかる、というのが僕の観点、僕の理論なんです。

理由は不明ですが、ロンドンでもニューヨークでもなく、東京時間の足を観察することで見えてくるものがある、という確信があるんです。

――例えば、情報の多いローソク足をシンプルな終値の折れ線チャートにしたほうがトレンドを見やすいとか、あえて情報を削っていく発想と同じですか？

いやぁ、ちょっとちがいますね。理由が不明と言ったように、うまく説明できないのですが、東京時間に限定して足を引くほうが、ローソク足が生き物のように見えてくる、次の展開を感じ取ることができるということです。「下ヒゲが出れば強い」といった原則があるじゃないですか。そういったものが通用するといえばいいのでしょうか……。

――たしかに、24時間というのは、朝起きて昼間に活動し、夜は寝る、というサイクルと合致しませんね。

ですよね。ピンときませんよね。24時間を通して見ると、区切りがないんです。少なくとも、ローソク足にする必然性がない。「全部つなげて折れ線チャートにすればいいじゃないか」という発想も浮かぶほどです。ところが、東京時間を切り取ってチャートにすると、そこにドラマが見えてくるようなイメージなのです。

ロンドンやニューヨーク時間の足も研究しましたが、なぜか東京がいいんですよ。理屈では、最も取引量の多いロンドンを選ぶのが自然なのでしょうが、そうではないようなのです。

――もっぱらデイトレードですか?

デイトレードと、少し期間の長いトレードの両方を手がけています。今日、私のマンションに来てもらった理由は、期間が長いほうのトレードで仕掛けのチャンスが到来しているからなんです。

僕は他人とは異なり、おかしなところがあると思うんです。その、おかしな人間にしか見えないものがあるんですよ(笑)。

――デイトレードの頻度は高いのでしょうか?

以前は、相当な回数で売り買いしていました。月に200回くらいでしょうか。でも今は、月間20回に満たない程度です。2日に1回くらいの感覚ですね。

手がける通貨ペアもドル／円に絞っています。研究しながら深い部分まで考えますし、チャートも手描きですし……いろいろなものに手を出す余裕なんてありません。

――著書を拝見すると、「東京時間足」とともに「半値」が判断の大きなポイントとなっていますよね。

そうですね。すべてを「半値」で見るというのが基本です。あと、「3分の2」というのもありますが、いずれにしても値幅に目を向けて判断していきます。

――わかりやすく説明してもらえますか？

相場のことですから当然、トレンドの判断ですよね。上に行くのか下に向かうのか、ということです。それを、上げと押し、あるいは下げと戻りの値幅で考えていくわけです。

上げ相場の途中で頭を打つところが抵抗線、目先の上値の限界ですね。しかし、その水準を超えると抵抗線が支持線になる、つまり目先における下値の限界に変わる可能性があります。

最初の波動は誰にもわからないと思うんですが、いったん波動が生まれたあとの動きには予測するポイントがあります。上げ相場の押し、または下げ相場の戻りが一定の範囲ならばトレンドが続く――こんな発想です。

――こういった考え方、つまり予測法の一部分を披露すると、「その的中率は?」という質問をする人が必ずいますよね。

勝率は、50%を超える必要がないと考えています。相場の本質は「当てること」ではなく、「根拠のある売買をすること」だからです。

――明確な判断基準と行動が一致する、ということですか?

そうです。単に「抵抗線をブレイクした」という認識で行動したのでは、当てにいってるだけですよね。そこには、「やり方」という要素がないんです。抵抗となっている水準をブレイクしたら、勢いでさらに上昇します。でも、その後は、下がっていくかもしれないのです。

だから、判断基準に加えて「どこで買う(売る)のか」という〝ポジションのつくり方〟が必要です。ここまできちんと考えると、「当てにいく」だけの観察ではなく「根拠のある売買」という実践的思考の世界に到達するわけです。

誤解のないようにつけ加えておきますが、ブレイクアウトだけでも手法としての有効性はあると思います。ただ、僕にはピンとこないだけです。

――動きが出てから出動、という姿勢ですね?

そうです。一般的な分け方でいえば順張りでしょうが、単なる追っかけ商《あきな》いではありません。「順張りの中の逆張り」という感じで、逆行時の丁寧なポジションの入れ方を心がけます。その根拠が、「2分の1」というシンプルな基準なんです。

よく、安値を買ったとか高値を売ったと自慢する人がいますが、意味がわかりません。単なる偶然じゃないですか。「頭とシッポはくれてやれ」って格言がありますが、惜しみながら他人にくれてやるんじゃなく、そもそも求めないのが自然体なんだと思います。

――「トレンド発生後の逆行で乗る」の一本やりですか?

それだけではありません。俗にいう逆張りで、じっくりとポジションをつくることもあります。それが、期間の長いトレードです。「下値を探る相場の技術」みたいなものが、あってもいいんじゃないかと考えているのです。

最安値を買う試みではなく、コツコツと回数を重ねてポジションを積んでいくということです。でも、それほど多様な見方を持っているわけではありませんから、出動する機会は限定的です。自分の得意パターンをつくり、それに当てはまる値動きの出現を待つというのは、あらゆるトレードの基本ですよね。

——波動が生まれたあとに逆張りでポジションを取るトレードは、やはり単発的になりますか？

そうですね。チャンスが一瞬ですから、必然的に単発的になります。でも、その際の「売買数量」には注意が必要ですね。

——数量を決めるポイントは？

単発的なトレードだからといって数量を少なくすると、ムリして値幅を取りたくなってしまいます。もちろん、多すぎるのもダメで、適正な数量、自分が練習してきて「自然だ」と感じられる適当な数量というのがあります。

少額資金、あるいは取る値幅が小さい状態が〝手堅い〟方法だと考える人もいるようだが、そうではないはずだ。例えばＦＸ口座に数万円の小遣いを入れて遊び感覚のトレードをしている人は、思惑通りに変動した際の利益金額を計算する。その結果、レバレッジを大きくして〝一か八か〟の行動になりやすく、結果として悪いクセを自分に刷り込んでいるのではないか。

小幅で手仕舞いするのだって一見、手堅いようだが、取れるときもヤラレるときも同じ値幅になってしまったら、ある意味、危険なトレードといえる。

私は、目先の強弱論争をしたり特定の予測法の的中率を論じることに興味はないが、こうして真の実践家と膝を交えて相場談義をするのは実に楽しい。インタビューという設定があってこそ出てくる、〝響く〟ような表現に必ず出会えるからだ。

3．究極の状態とは

――自分の得意パターンがあるといっても、24時間取引の為替で時間帯を限定していない以上、東京、ロンドン、ニューヨークと、トレードチャンスが連続するケースもあるのでは？

ありますよ。そういうときは、寝ないでトレードします。翌日の日中、狙った動きじゃないことを確認したら昼寝するんですけど……。

そんなことがしばしばあるので、疲れてフラフラになった自分を観察して「週末だ」ってわかるんですよ（笑）。今回のインタビューを延期してもらった理由も、これでしたね。

――値動きや手法の研究で夜更かしすることもあるのですか？

あります！　もちろんですよ。

今さらながら「勉強が足りない」と感じますし、勉強することが楽しいんです。

――その忙しい中で、株もやるんですよね？

はい、そうです。でも、先ほどから説明している方法を、そのまま株にも当てはめるので、混乱することはありません。動きのある個別銘柄を対象にしたデイトレードで、半値を基準にしたトレンド判断を基にしています。

――どんな銘柄が対象なのですか？

不動産と金融です。でも金融は、消費者金融に限定です。よく動きますし、目先のトレンドが出るので、僕の手法に合うようです。

だけど、デイトレードを実践していて思うのは、業界内部のプロ、いわゆる自己売買の人たちが持っているトレード環境の素晴らしさですね。「プロはすごい」と評する際は、彼らが持つトレード環境の良さを割り引く必要があるのではないかと思います。

――沼田さんもプロですから、物理的な環境という意味での区別ですね。以前のインタビューで、商品相場のプロップトレーダーが、「無限の選択肢がある中、一人ぼっちで利益を上げている個人投資家はすごい」と言

った人がいますよ。（編者注：単行本『億を稼ぐトレーダーたち』に登場する高橋良彰氏。本書にも、【特別インタビュー】が収録されている）

その通りだと思います。予測法なり値動きなりを限定しないと、良い結果は望めないでしょう。

知人の女性が、実際に使っている〝必勝法〟を教えてくれたことがあります。「日経新聞で価格を見ていると、相場が上がり始める前と下がり出す前には寄付と終値が同じになる」と言うのですが、トンボといって〝相場の転換点に出現する〟と、どこにでも書かれているような発想ですよね。でもその人は、請け売りではなく自分の目で観察して気づき、そんな頻度の低い機会に絞って売買しているのです。

こんなふうに徹底することが、本当に重要なのでしょう。いろいろやっちゃうから、ダメなんでしょうね。

ちなみに、その女性の家族も相場好きなのですが、ご主人も娘さんも全く異なる観点で相場を張っていて、ポジションも当然、バラバラなんです。素晴らしいと思います。

――沼田さんの研究も、的を絞って長期継続ですね。

実は、「月曜日のギャップ現象」という課題を研究しながらブログに書き続けているのですが、すでに260週が経過しています。かれこれ5年です。自分でもバカだなと思うのですが、そんなことを続けていると見えてくる〝何か〟ってありますね。
指揮者のカラヤンが言っていましたが、新しいものを始めるとき、同じ時間に同じことをすると、神様が降りてきて大切なことを教えてくれるんだそうです。

——でも、規則正しい生活が必要じゃないですか？（笑）

いやいや、実は朝だけは時間通りに行動しているんですよ。月曜日に限らず朝の9時、東京市場の寄付は常に同じように値段を見ていますし、不良外務員だった時代も同じようにしていました。これは、自慢できる部分です。
そういう姿勢で継続すると、必ず何かしらの〝答え〟が出てきます。だから、面白くてやめられない。で、寝られなくなっちゃう（笑）。

——利益を出せる手法があるのなら、それに徹するか、その手法に限定した研究で十分なのでは？

僕は、相場を〝極めたい〟と考えているんです。ある発想なり疑問があって研究すると、必ず何かが出てきます。そして、広がっていきます。疑問も課題も、そこから生まれる新たな発想も、尽きることがないのです。

――資料もたくさんあるのでしょうね。

パターン分析で手描きしたチャートが、たぶん1万枚くらいあります。追究しないと気がすまないんですね。自分でも異常だと思うくらいですよ。

女性でも何でも、興味をもったらトコトン直線的に進みます。一時期、ギャンブルにはまったこともあります。海外のカジノや、国内ならば純粋な競技としての大会などに夢中になっていました。どんなことでも、すぐにやめちゃう人がいますが、実にもったいないと思います。またしてもカラヤンですが、どんなことでも〝完ぺきにやっている〟人を尊敬していたといいます。掃除でも何でも、特定の行動を完ぺきにこなす、そのために努力する、できるまで続ける、といったことが大切なんですよ、きっと。

――沼田さんは、それほどの研究と実践を行いながらも「極めたい」と切望する……目指す究極とは、どんな状態なのでしょうか?

現在の最大の課題といえば、「相場のタイミングと自分のタイミングを、どう合わせていくか」ですね。予測が当たっただけでは儲からない、やり方を考えなければならない……現実では「当たったときにどれだけの数量を実際のポジションにしたか」が問題ですよね。

――それを実現するために必要なのは、内面的なものでしょうか？

おそらく、そうですね。商品会社にいて初心者としてトレードしていたころは、完全な他力本願で情報を基に張っていただけですが、すごく純真で、ためらいなく行動していたのはたしかです。

きちんと研究して実践を重ねてきた現在の僕が、そのころと同じような気持ちでポジションを取る――これが究極の状態なのでしょう。そんな行動を取って結果も伴ったとき、ショーシャンクと同じ、抜けるような青空を眺めることができるのかもしれません。

――最後に、読者のみなさんにメッセージをもらえますか？

僕の23年の経験から、みなさんにお伝えしたいのは、「相場に熱中できる環境そのものが最高の楽しみであり、それ以上を望んではいけない」ということです。

〝値動きを追いかけることだけが楽しみ〟という昔の相場師は、大きな相場を張り、実践家として成功しています。こんな気持ちになれるかどうかが、成否を分けるのではないかと思っているのです。「自分の中で相場が一番である」という強い思いが、相場師の条件として挙げられる、ということです。

だから、今の僕は最高に幸せです。しかし相場以上に楽しいことを探してしまっている……だから、もっと貪欲になる必要があると思い、ストイックに相場を追究するよう努めています。

沼田氏は乗り物が好きで、高級なビンテージカーを所有しているが、話を聞くと、その車の経済的価値よりも、その車を良い状態に維持していることに喜びを感じているようだ。ヘラブナ釣りが好きで、マニアがよだれを垂らすほどレアな、名工の手による竹竿を何本も持っているが、冬の間は竹竿の湿度を保つため、風呂場を専用の置き場にしているほどの徹底ぶりなのだ。

「天才」の定義は、人が続けられないことを飽きずに続けることだといわれる。

発明家のエジソンが電球を開発する過程では、フィラメントにあらゆる素材を試したが、なかなかうまくいかなかった。

失敗が1万回を超えた時に、友人が「まだ続けるのか」と質問すると、「オレは失敗などしていない。うまくいかない方法を1万回も見つけたんだ」と答えたそうだ。

沼田氏の相場に対するこだわりも、なかなかマネできるレベルのものではない。しかし、誰もが圧倒され、素直にステキだと思える相場人である。

【特別インタビュー】
3・11とマーケット

上島浩司

【プロトレーダー】

「〝災害＝売り〟ではない」

2011年3月11日の震災直後のトレーダーの行動についてインタビューしたものを紹介する。震災のあと、直接的な被害がなかった人も被災地の情報に心を痛めた。だから、たとえマーケットの話題であっても抵抗があるのだ。

このインタビューは、生の記録を今後の備えとして共有するためのものである。

上島氏は『億を稼ぐトレーダーたち』で紹介したスゴ腕職業ディーラー綿貫哲夫氏の友人で、綿貫氏の追加インタビューにも登場している。いわば、価格の変化に最も敏感な立場の人である。

終値を見ながらトレンドを考えているわれわれからすると、小動物のように危険を回避し、猛獣のように〝獲物〟に襲いかかるイメージだろう。

地震の時に東京の中心地でトレードしていた上島氏自身と、周囲のプロたちの行動などを紹介する。

1．スクリーンを押さえながら新規売り

――地震の時は当然、会社にいたんですよね？

そうです。いつも通り席にいました。週末の引け際で、自分のポジションをオーバーウィーク（来週に持ち越すこと）しようかどうしようかと考えているところでした。

――具体的にどんなポジションでしたか？

日経225オプションで下のプットを売り、上のコールを売る、いわゆるショートストラドルでしたが、そのかわりに現物を数銘柄買っていました。僕が得意としているポジションなんですが、若干ロング（強気）でしたね。先物も手がけますが、その時の動きで機動的に変化させますから、瞬間的にロングになったりショートになったりします。

基本的には225の動きをレンジで予想し、オプションを売って時間的価値の減少を取りにいくのですが、それが功を奏す保合の状況でも、個別銘柄あるいはポストによって変動がありますから、それを取るためのポジションを加えます。

週末は通常、利益を確定してポジションを落としておくのですが、直近の成績が悪かったの

で、何か仕掛けておこうかと思惑を巡らせているところでした。
地震の当日は3月限のSQで、たまたまその週は値が重たくてジワジワと下げていました。雰囲気は良くなかったわけです。でも目先の数字が出ていないうえに期末ということもあって、「来週の反発を期待してみるか」という気持ちだったのです。

――その状態で、グラッときたわけですよね。何をしましたか?

まずは、スクリーンを手で押さえました。机に据え付けたアームにスクリーンが固定されているのですが、ぶんぶん揺れてアームごと飛んでいきそうな勢いだったので、それを左手で押さえ、右手でマウスを操作しましたよ。でもスクリーンが動くから、値段なんてよくわからない。そんな状態でしたが、ショートのポジションを「手仕舞いしなくっちゃ」と夢中で端末をたたいていましたね。単純に、大地震、被害、相場は売られる、という動きを反射的に想像し、プットを踏み、現物の買いを投げ、たまたま持ちがなかった先物は新規で売りました。

――その後、わずかな時間で大引を迎えたわけですよね。

僕のオーバーナイトの枠が4億円なんですが、地震前のロングをドテンして約3億円のショートにしました。ところが、安いところまで売りにいった先物が大引(午後3時10分)にかけて戻ったので少し踏んづけ、約2億円のショートまで減らしていました。

とにかく「ヤラレ」の状態で大引だったのですが、3時15分にはSIMEX（シンガポール国際金融取引所）で1万円を割れていたのを覚えています。

――避難しようとは考えなかったのですか？

隣の席のディーラーは、揺れた瞬間に走って逃げました。彼は、阪神淡路大震災を現地で経験していたのです。

たしか、「おい、逃げろ！」と怒鳴っていたように思います。マニュアル通り、ビルから出て大通りの中央分離帯に行ったのでしょう。ビルの中にとどまると火災などでビルから出られなくなる、でも外はビルの外壁やガラスが降ってくる可能性がある、場合によっては看板や人も――。でも僕は、彼の言葉なんて聞いていなかった。いや、聞こえていたけど、スクリーンから目を外さずにポジションをいじくっていたんです。「値段が見えない。押せない。うわ～どうなってる！」って感じで、なんだかわからないけど無我夢中で売っていましたね。

ちなみに彼と、彼とともにいったん逃げていた人たちは席に戻ってきて、「わあ、買い指値が全部、出来ちゃってる～」なんて叫んでいました（笑）。とりあえずの揺れがおさまったところで戻ってきたので3時ギリギリ、まだ立会中でした。

だから、逃げている間に約定してしまった分を引け際で投げる人もいました。

――そのほかのディーラーたちは？

机の下に隠れている人もいましたが、トレードそのものはとにかく手仕舞いです。混乱した状況では、ポジションを落とすのが鉄則。林さんが考えている通り、プロとして無意識にそう行動します。その先のポジションをつくったのは、うちのディーラーの2～3割でした。私のように先物でショートする者もいれば、復興関連銘柄を買いまくっている者もいました。

状況なんて何もわからないけど、とにかくオフィスがドカドカと揺れているから手仕舞いし、「災害」「復興」という当たり前の連想だけで無意識に次のポジションを取っていました。

僕のように古いタイプの人間、〝スペキュレーター〟と呼ばれるディーラーは反射的に動きますからね。人によっては、建設株や能美防災（火災報知・消火設備の会社）といった銘柄を片っ端から買っていました――そういうときって、誰も何も覚えていない状態で無意識に銘柄コードをたたきます。戦争状態が終わってから、「オレ、何をどれだけ買ったの？」と整理するわけです。

――〝スペキュレーター〟の定義は人によってちがいますが、どんな言葉で表現しますか？

「今の相場は、このレンジ内だ」なんて考えず、「トレンドに乗る」「トレンドをつくりに動く」タイプの人間です。現在だとＨＦＴ（ハイフリークエンシートレード。プログラムによる超高速取引）がボラティリティ（変動）を殺しにきますから、スペキュレーターは討ち死にします。だから最近になって仕事を覚えたヤツらは、この分類には入りませんね。何か起こったときに、「じゃあ、とりあえず下をたたいてみよう」なんて発想をもちませんよ、彼らは。

2．帰宅難民に

――ずっとビルの中にいたのですか？

結局、大引後にビルを出ました。会社からの避難指示は夕方4時過ぎというダメダメで無意味な状況でしたから、僕は周囲の人と一緒に自主的に近くの指定公園に向かったのです。でも、公園は人がいっぱいで入れなかった。で、「ビルは大丈夫だから戻れ」ってな感じで会社に戻りましたよ。グズグズの団体行動で（笑）。

――会社に戻って、イブニングセッションを見ていたわけですか？

どうやって家に帰ろうかというのがメインのテーマでしたが、手仕舞いは考えました。

ＳＩＭＥＸが1万円を割れている、でもガンガン売られるわけでもない、東京の街では人が右往左往しているだけでビルも倒壊していないし電気も供給されている、津波の情報はあったけど映像がないからあれほど大きな被害になっているなんて想像もできない――そんな状況だから利食っておこうかと思いましたが、そのままオーバーウィークすることを決めました。


――最後は確信をもって弱気のポジションにしたということですか？


いや、スッキリはしませんでしたね。電車が動かないのでみんなで街をウロウロしながら、「買い戻しておけばよかったかな～」なんて。

福島原発のことは、早めの段階でささやかれていました。恥ずかしいくらい幼稚な表現ですが、「ボーンといったらドカーンとくるよ」なんて感じですね。そもそも成績が良くなかったところに引け際のドタバタでまたマイナスを出したので、「2億円のポジションを来週の下げに賭けておこうか……」というところだったのです。

でも僕の基本的なイメージは、阪神淡路大震災のあとの相場なんです。だから、会社を出たあとでも「自分の判断はどうだったのだろう」と考えていたわけです。

――阪神淡路の時は、暴落したと思いますが。

あの時にインデックスが下がった背景は、ベアリングス証券のポジションですよ。ベアリングス証券を1人で破綻させたとして有名なニック・リーソンが、ガンガンにロングのポジションを持っていたのです。その状態で阪神淡路の震災が起きて市場が弱くなり、彼がつくったポジションの投げで大暴落になりました。阪神淡路大震災そのものの影響は、いったいどれくらいだったのだろう、というのが正直なところです。

だから今回、「買い戻して利益を出しておくべきだったか」という気持ちがあったのです。日本経済が停滞し、相場もテーマなしのグズグズ状態だったので、復興が良いきっかけとなって一気に上向きになるという可能性も、地震当日の夜に想像していました。震源地の情報などが伝わった段階で、サプライチェーン（製品の供給網）の問題もささやかれていましたが、日本経済全体に与える影響はひっくり返るほどではないと判断できましたからね。

――ちなみに、どうやって帰宅したのですか？

電車は動かないだろう、動いたとしても街にあふれかえっている人が駅に殺到するから絶対に乗れないと判断しました。妻の実家が品川なので、そこまで歩こうという計画だったのですが、後輩たちと一緒に「ガソリンを入れよう」と居酒屋を探しました（笑）。

非常時ですが、東京は電車が止まっているだけでしたし、証券会社の人間ですから、「しょうがない。飲もう！」ってことですよ。ところが、居酒屋を見つけてもほとんどの店で「今日はもう閉店です」と断られ、〝帰宅難民・居酒屋難民〟状態で歩きながら、虎ノ門でようやく入れる店を見つけました。そこで軽く飲んでメシを食って、予定通りに品川まで歩きました。

その夜にテレビを見たら、津波による被害の映像が流れていたし、原発の問題も報道されていました。でもその時はもう、ポジションがどうのこうのよりも、「月曜日も会社に行くの？」という状態でしたよね。何の連絡もないので、行きましたけどね（笑）。

3. ミスプライスの嵐

――週明けからのトレードは？

バンバンやりました。とにかくメチャクチャな値段がつくんですよ。トレンドを殺しにくるHFTの一部が止まったことなどの影響でしょうね、板が薄い状態で完全なミスプライスが連発していました。隣の人が「何だこれ？」って言うのですが、僕も同じ気持ちで、「オレにもわかんないけど、やるしかないでしょ。やったあとで考えようよ」と答えました。

会社から「ポジションは半分」と金曜日の時点で指示されましたが、こんなことは言われるまでもありません。こういうときに行動するのが僕らの仕事ですけど、だからといって命知らずの特攻野郎ではなくプロですからね。

余談ですが、私が以前にいた会社では、こういった状況でも自己売買に制限をかけませんでした。だから、現在はスペキュレーターだと区別されている人間がガンガンと売買して儲かって、何も知らない役員が「うちのディーラーは皆、優秀なんです」なんて言っていましたよ。

責任者が、リスクを過小評価していただけだったんです。評価損が出ても放置することを認めていたから、最後にガサーッと利益が入ってくる。たまたま結果は出ていましたが、イチかバチかのデタラメをやらせていただけでしたね。

今回の話に戻りますが、震災後の週明けのマーケットは実際、スゴい状態でしたよ。たぶん現物を保有しているところがヘッジで買ってきたのでしょう、プットオプションに寄付から大量の買いが入っていました。ボラティリティをかなり高めに計算したって、せいぜい200～300円だろうと思えるものが1000円を超えて寄ってくる……。

今のシステムはアメリカ式の新しいもので、昔のように悠長に気配を出したりしないから、いったいいくらで値がつくのかわからないけど、とにかく売り向かう――すると、寄った瞬間に数百万円の利益が出ていたりしました。

寄り付いた段階で先物とオプションの裁定を組むプログラムが動き、ミスプライスが消えるからです。寄付前の段階では、相場の値下がりによって新規に設定された権利行使価格についてては計算式がなく、それが理由で大きなミスプライスが発生していたのでしょう。

——そんな調子で、かなり利益を上げたのですか？

そうはいきません。得意のショートストラドルでプットもコールも売りにいったら、ザラ場の下げでプットが上がりました。そんなときはコールが下がるはずですが、ボラティリティが上がったことで、先物が下げる中でプットもコールも値上がりするという現象が起こりました。また、余震でグラッときて反射的に先物を売ると瞬時で戻って踏まされる、なんてこともありました。それでも震災当日と翌週で、1千数百万円は儲かりました。

——そのミスプライスによって、3月14日（月）にプットが極端な高値をつけたのですね。

いや、ミスプライスの嵐が1週間続きました。最も極端な値段がついた瞬間というのは、原発が爆発する映像が流れた直後だったと思います。「この値段はおかしいよねぇ」なんて考えるヒマも与えられず、おかしな値段を消しに動くHFTは一部が止められている、そこに現物の処分売りや裸売りオプションの踏み上げが入り、わけもわからないまま金曜日を迎えました。

4. 機械のトレードで流動性が確保された

——取引所は通常通りに場を開きました。それについて、どう考えますか？

何もアナウンスがなく、規制は一切ありませんでした。そして混乱が起きましたが、僕個人は、マーケットを開けたことを評価している人間のひとりです。

立場的に「マーケットが開いててナンボ」なので、特にそう感じる部分はあるでしょうが、やたらと特別なことをすると過保護な状態が生まれるので、それは良くないのではないかと。

政治が動き、超法規的な措置で大きな企業を救うことがあります。そういったことの是非はよくわかりませんが、マーケットそのものは開けておくのが正解だと思うのです。

結果として2000万円くらいヤラれていたら、「閉めておけばよかったんだよ！」って言っていたかもしれませんが（笑）。結局、目の前のものに反応するだけなんですね、僕らは。

マジメな話、また同じ状況になっても、あれほどのミスプライスは発生しないと思います。HFTのプログラムには人間の行動心理といった観点も盛り込まれていますから、今回の動きがすでに想定内のこととして組み込まれていると想像できるのです。昔ながらのスペキュレーターが「ここだ！」と確信してポジションを取ると、見事にもっていかれる時代です。

「災害が混乱を呼ぶからマーケットを閉めろ」というのは、必ずしも正解ではありません。

――いま振り返って、避難せずにトレードし続けたことを、自分自身でどう思いますか？

危なかったですね。次にあんな地震が起きたら、命がなくなってしまうのではないかと感じています。冷静に考えたら、とにかく逃げるべきですね。でもね林さん、やっぱり同じように端末をたたき続けちゃう気がします。悲しいかな、これがディーラーの本能ですよ。

今回の震災の時は、自分の成績がくすぶっていただけでなく、動きらしい動きはすべて海外発という状態が続いていたじゃないですか。日本の株式市場が、金《きん》の先物みたいに海外の鏡相場で、いくら必死になっても昔ながらのやり方では儲からないことに、いら立っていました。だからチャンスとばかりに行動したんだろうと自己分析していますが、次もバカみたいに端末にかじりつくのでしょうね。

まあ、居酒屋を探すときは、今回よりもずっと迅速に行動するでしょうが（笑）。

――今回のトレード経験で、何か変わりましたか？

さっき阪神淡路大震災の状況と見解を説明しましたが、今回の地震直後は確信ある判断には至りませんでした。でもあらためて考えてみると、「グラッときたらが売り」ではないと感じています。今回学習したことで刷新されたＨＦＴは、さらに進化していくでしょう。

例えば年初に、いろんなメディアからサプライズ予想が発表されます。「実際に起きたらビックリするけれど、今年はこんなことがあるかも」ってヤツですよ。ああいうもので、想定範囲が広くなる動きが常にあると思うんです。自分が死んだり自動車事故を起こすなんてリアルなイメージはなくても、みんな保険に入りますよね。それと同じです。

時代とともに存在が大きくなってきたヘッジファンドが、わかりやすい例ですよ。ヘッジファンドはそもそも、想定外のものを想定内にするという発想が根底にあります。すべての金融取引が、以前の想定外のものをどんどん内側に取り込んでいるのではないでしょうか。

業績の変化など背景の事象に注目する人が多いのですが、その情報は瞬時に広まって価格に織り込まれる——これがマーケットの効率性です。僕のように日中の値動きを見ている人間には、その効率性が高まったと思えるのです。ＨＦＴも〝オバケ〟として悪玉視されたりしますが、流動性を高めてくれています。そういう意味では、良い市場になったといえるでしょう。

しかし、トレンドがなくなるとも思いません。今後は効率的でありながらもトレンドが生まれ、スペキュレーターが息を吹き返す動きになると期待しています。今のままでは教科書通りで、個人投資家だって息が詰まっちゃいますよ（編者注：インタビューは２０１１年５月）。

持ち前の頭脳を素直に駆使する
若手トレーダー

田畑昇人

【FXトレーダー】

「ヒット量産のやさしいトレードが理想です」

田畑昇人氏は、東大の大学院生でありながらFXトレーダーであり、若者向け、あるいは社会人向けのセミナー講師も務める、平成生まれの若者だ。

私の息子と同じ年齢で、今までインタビューした中では最年少である。こんなふうに数字だけで考えると違和感を覚えるのだが、それは自分が年齢を重ねたことを忘れているだけのことだ。

10年、20年という長い経験こそないものの、私の知人の中で、トレードの内容や背景にある考え方をぜひ聞いてみたいと感じる存在だったのでインタビューをお願いしたところ、快く引き受けてくれた。

2014年12月18日、林投資研究所のオフィスで話を聞いた。

1．金融取引が手に届く範囲にあった

――トレードを始めた年齢を教えてください。

僕が21歳、大学3年生の時です。

――すると、トレードのキャリアは？

現在25歳で、アベノミクスといわれる動きが始まったあたりからの円安傾向、つまりドルにとって上げトレンドの初期は少し休んでいたので、期間としては3年半程度です。ＦＸで資金を膨らませたあとで株も少し手がけるようになりましたが、ほとんどがＦＸ取引ですね。

――ＦＸはかなり一般的になっていますが、大学生でトレードをする、ＦＸで資産づくりをするというのは珍しいのでは？

誰でもやっているというわけではありませんが、決して珍しいことではないと思います。もちろん、学生全体で何％かと聞かれると全くわかりませんが、少なくとも僕の周囲では、ＦＸ取引をすることが特殊ではありませんね。僕が属する〝コミュニティ〟に、たまたま金融取引に明るい人間

が多いだけかもしれませんが……。
表には出てこないものの、うまく立ち回って、短期間で千万、億という単位の利益を上げた人もいます。そんな利益を継続して出すのは難しいでしょうが、レバレッジ取引なので、とりあえず大儲けしたという学生がいるんですよ。
ただ、株となると少しハードルが高くなります。

――ハードルが高い理由は？

ＦＸのほうが少額で始められること、ですね。それに、株の場合は銘柄が多すぎて迷ってしまいます。ＦＸならば、「まずは代表的なドル／円を手がければいい」と明確な方向が示されているので、学生にとっても入りやすいんです。

――学生にとって、外国為替そのものが縁遠い存在ではない、ってことですか？

昔は飛行機のチケットも高かったのでしょうが、今は数万円で海外旅行に行けますから、学生にとって、外国為替、ドル／円レートというものが身近です。
面白い統計があります。Ｇｏｏｇｌｅで※「株」という単語が検索されるのは、月間80万件だそうです。それに対して「ＦＸ」というキーワードは、月間１８０万件なんです。

単なるインターネット上の数字ですが、ＦＸに興味をもつ人が非常に多い、取引人口も多いだろう、ということですよね。

※Google
グーグル。Yahoo!などと同じ、インターネットの検索サイト。

——そんな身近な存在のＦＸ取引に、自然と触れるようになったというわけですか？

決してそうではありませんでした。実は、消去法でＦＸにたどり着いたんです。

——なんだか、ユニークなエピソードがありそうですね。

大学３年生まで、趣味といえるものは『モンスターハンター』というゲームだけでした。ホント、それしかやっていなかったんですよ。そんなふうに、どちらかというと浮き世離れした感じで過ごしていたわけですが、学年が上がるにつれて当然、周囲の同級生が就職活動を始めますよね。

まずは、その状態に反発を感じたのです。

就職してサラリーマンになるのはイヤだ、髪の毛を切りたくない——そんな僕でも、ゲームをしているだけでは生活できないと認識していたので、考えられるのは「起業する」「投資活動で稼ぐ」という２つの選択肢だけでした。

だけど、大学3年生の僕に起業できるほどのスキルはないと思いましたし、起業して成功しても利益が出るまでには時間がかかるはずだと考えました。で、ほとんど興味本位だったのですが、「ちょっとやってみよう」とＦＸ取引を開始したのがきっかけでした。

特別なビジョンがあったわけでもなし、情熱をもってスタートしたわけでもなし、「可能性はある」という認識だけでした。

――では、気持ちが固まっていたわけではないけれど、職業として意識していたということでしょうか？

「職業」という言葉が浮かぶほど、将来に対する臨場感があったわけではありません。「投資活動で生活費を稼げたらいいな」という、漠然とした期待だったと思います。

でも、おカネの計算はしていました。

――というと？

学費に充てた奨学金を将来、返済しなければいけない立場だったので、就職した場合の初任給や、自分がやっているアルバイトの「時給１０００円」といった数字では、なんだか足りない、とにかく借金をゼロにしたい、という気持ちがあったんです。

ここまでの田畑氏の話で多くの読者が、「時代が変わった」と感じたのではないだろうか。私自身は、父親の姿を見ながら10代の半ばで相場を始めたが、もちろん自分の周囲に相場のことを詳しく知る者などいなかったし、金融マーケットは遠い世界のことだったのである。

だから〝株に関係する仕事〟という情報から、「林のオヤジって、総会屋なの？」と質問されることも、しばしばあったほどだ（笑）。

1ドルが200円以上していたし、エアチケットも極めて高価だった。格安の海外旅行パックという情報を目にしたのが、大学を卒業する間際（1985年ごろ）だったように記憶している。

実は、私にとってFX取引は、ちょっと違和感のある存在なのだ。

資産運用の選択肢が少なく「株」が主な投資対象だった時代は、売買単位も今より大きかった。だから、それなりにまとまった金額がないと、かじってみることすらできなかったのである。

そのかわり誰もが、必死に貯蓄した資金で真剣に取り組んだはずだ。

対するFXは、主婦同士が喫茶店で気軽に情報交換するという図式が出来上がっているほど一般化している。

数万円を投じてポジションを取り、その数万円が損で消滅したら、しばらくしたところで再び数万円を取引口座に入れる……高尚な経済行為のようでいて、単なる娯楽になっているフシもあると感じる。

半面、田畑氏のように、社会に反抗するようなノリで道を探した結果、社会人としての地位を確立するという、世の中の多様化を証明する事実は、素直に認めなければならない。
続いて、彼のトレードデビューについて話を聞いた。

2．9カ月で資金を20倍にした

――最初のトレードについて聞かせてください。

僕には知識がなかったので、ハウツー本を数冊買ってきたのです。ただ、読んでもサッパリわからない（笑）。
だから、「とりあえず、やっちゃおう」ってことでトレードを始めてしまいました。

――ある意味、正しいと思うけど（笑）。結果はどうでしたか？

用意した20万円の資金を、1カ月でほぼゼロにしました。若い人間の特性というか、男の特徴というか、「自分は天才だ。最強だ。何でもできる」って思いがあるじゃないですか。そんな気持ちだけで、いきなりトレードに臨んだ結果でした。

大学生にとって20万円は大金です。時給1000円のアルバイトで貯めたおカネですしね。へこみましたよ……。

――その結果を、どう捉えたのでしょうか?

いや、あまりにもカンタンに負けちゃったわけですから、どこかにカンタンに勝ってるヤツもいるはずだ、って。それなら、真面目に勉強すれば、勝っている連中に肩を並べるどころか、「彼らを出し抜く存在になることだってできるんだ」と考えました。

――どんな方法で勉強したのですか?

再び本を読みました。当時、大学では環境問題を専攻していたんです。トレードとは何の関係もないじゃないですか。だから、経済やマーケットについて勉強する必要があると思ったのです。でも、本を読んで気づいたのは、「勝つための情報なんて、そこらの本には書かれていない」ということです。

そこで、自分自身の発想だけを頼りに、値動きのパターン分析を始めました。それまでに得た知識で、アノマリーのことなどは頭の中にありましたが、基本的には、ちまたの情報を一切排除し、自分自身で自分だけの勝ちパターンを見つけようという気持ちで研究したのです。

その結果としてたどり着いたのが、今も続けているトレードの原型だと思います。

――アルバイトで稼いだカネで再チャレンジしたわけですね。

もちろんです。でも再チャレンジでは自分の資金30万円に、クレジットカードのキャッシングで引っ張ってきた20万円を足し、合計50万円で臨みました。

――研究したとはいえ、最初にあっさりと負けたあとで、すぐさま勝負に出た理由は？

研究して固めた戦略について、自信があったからです（笑）。

――「自分は最強だ」って思い込みとのちがいは？

シミュレーションを何度も繰り返し、「勝てる！」という確信があったのです。50万円の資金が9カ月で1000万円になりましたから一応、正しかったんですね。

――レバレッジも、かなり効かせていたわけですか？

フルレバレッジ状態でした。再チャレンジ開始の3カ月後に最大25倍という現在の倍率に規制※されましたが、最初は50倍でしたから、キャッシングで膨らませた分も考えると80倍以上のレバレッジですね。
規制強化で25倍が最大となりましたが、利益の分も再投資しながらフルレバレッジで張り続け、雪だるま式に膨らんでいった結果です。

※ＦＸのレバレッジ規制
ＦＸ取引における最大のレバレッジが25倍に制限されたのは、２０１１年8月のこと。規制がなかった時代には、数百倍のレバレッジ取引をさせる業者も存在した。

――研究の観点が正しかった証明なのでしょうが、９カ月で20倍に殖やしたというのは急激すぎると感じます。

あれほどの結果は、もう出せないと思います。少しムチャがあった、最初は50倍まで張れた、日銀の為替介入を含めて僕にとって〝取りやすい〟値動きがあったなど、好条件が重なっていたのだと思います。
でも勝つ方法を見つけたので、現在もそれを継続していますし、今後も勝てる自信はあります。もちろん、常に振り返って分析しながら、少しずつ変化させていますが……。

50万円を9カ月で20倍の1000万円にした――これを聞いただけでは、よくある〝偶然の勝ち〟と区別がつかない。

ちなみに私は、FX取引で大勝ちしたとの触れ込みで出版される単行本を見るたびに、「著者は、すでにスッテンテンになっているかもしれない」などと想像するが、それと同じように感じる読者だっているだろう。

たしかに、多少のムチャがあったのだろうが、トレードの内容を詳しく聞くと、シンプルでしっかりとした考え方があることがわかる。次の項を、よく読んでほしい。

「若い男は自信過剰だ」と言っていたが、優秀な頭脳と素直な観点が結果を生んだのだと、私は認識している。

現実に優秀な成果を上げているのだから、少なくとも現在は、理論的根拠だけでなく実績をベースに自分の戦略を見つめ、そのうえで今後も勝てるという気持ちがあるのだろう。「自信がありますす」と明るく答える姿を、私はまっすぐに受け止めたいと感じた。

3. パターンを想定する

——戦略を変化させてきた中で、最も大きな点は?

根本的な狙いを変更した点ですね。もともと、レンジ相場を想定した逆張りが好きで、そればかりやっていました。今よりも円高で、ボラティリティも低く、逆張りが十分に有効だったんです。でもその後、円安のトレンドが発生してボラティリティが高くなってからは、ブレイクアウト手法のほうが有効な状況に変わりました。だから僕も、戦略を変えて臨んでいるわけです。

円安傾向になってから一時的に休んでいたのは、取りにくくなって戦略を見直す必要があったからです。もちろん、答えが見つからなければトレードをやめようと思っていました。

でも、この時期があったからこそ今の僕があるのだと考えています。

——では、今現在の手法について質問させてください。まず、ポジションを保有している期間は?

長くても4時間ですね。でも、スキャルピング※の手法ではありません。

※スキャルピング
極めて小さい値幅を狙う、超短期の売買。俗にいう「1カイ2ヤリ」。

――FXだと昼も夜も関係なくトレードできますが、どんな時間帯を狙うことが多いのですか？

24時間、多くの時間帯にチャンスがあります。でも、「時間帯によって値動きが異なる」「時間帯ごとに特性がある」と考え、戦略を使い分けています。その結果として、トレードする時間帯が絞られてきます。

――面白そうですね。詳しく聞かせてください。

東京時間、つまり日本時間の日中だと、9時～10時、10時～10時半、14時～15時、この3つの時間帯に絞ります。

朝の9時～10時は、日本時間が始まって〝トレンドが出やすい〟時間帯です。だから、順張り戦略で狙います。そのあとの10時～10時半は、いったん値段が落ち着いた状態で逆張りのチャンスがあります。10時半以降は、特性を固定できないので手を出しません。

午後になって14時～15時は、朝から続いていたトレンドが〝反転する〟時間帯と位置づけ、逆張りで利益を取りにいく姿勢ですね。

こんなふうに、時間帯によって出現しやすい値動きを想定しておき、その想定どおりにトレードするよう努めています。

――ほかには、どんな観点を大切にしていますか？

板の状況ですね。「この値段に逆指し値がたまっているようだ。ここを抜けたら少し走るだろう」といった読みです。誰にでも入手可能な板情報を基にするのですが、時間帯ごとの値動き特性と併せることで、戦略が明確になると思うんです。

――夜間、つまりヨーロッパやアメリカの時間帯もトレードするのですか？

はい、日本時間と同じように時間帯別に特性を考え、それぞれの戦略でトレードします。

――四六時中トレードするようになってバランスを欠く、混乱するということはありませんか？

24時間いつでもチャンスがあるというイメージですが、常にプライベートを優先しますから、結果としてトレードする時間は限定されます。誰かに誘われたら、できる限り出かけるんです。断ることは、まずありません。

――逆に、トレードする時間が足りなくなることは？

それはありませんね。例えば、IFD注文※を活用したりします。戦略が定まっていますから、僕がポジションを取る条件で指し値注文を出しておく、それが出来たら手仕舞い注文が自動的に発注される、というようにしておけば、網を仕掛けて魚を捕るように放置しておくことができますから。

※ＩＦＤ注文
1つめの注文が約定された時点で、2つめの注文が発注される仕組み。例えば1つめが買い指し値で、それが成立したら逆指し値の手仕舞い売り注文が発注される、といった設定が可能。

――では、誰かと食事しながらスマホやタブレットで価格をチェックするなんてことは？

スマホ世代なので、他人同士が外で会っているときに、スマホでＳＮＳ※を見たりメールをチェックするというのは、基本的にＯＫなんです。

でも、ずっと画面を見ていることはありません。ＩＦＤのように複雑な指し値注文が可能ですから。自宅に帰ってから、あるいは翌日に結果を見ることもありますね。

あと、アラート機能を利用することもあります。約定したらメッセージが届くので、「ちょっと失礼」と言って席を外すとか、そんな対応をすることはあります。

※ＳＮＳ
「ソーシャル・ネットワーキング・サービス」の略で、インターネット上で交流の場を設けるサービスのこと。「フェイスブック」（Facebook）や「ツイッター」（Twitter）などが有名。

FX取引、スマホ、ヨーロッパ時間、IFD注文……以前から相場を行っている人間には違和感があるだろう。

茶色く染めた長い髪に色白の細面も、私が学生だったころには目にすることなどなかった風貌だ。〝昭和のオジサン〟は、見た目だけでダメ出ししてしまいそうだ。

だが、トレードに対する考え方はシンプルで、非常に実践的だと感じる。予測に当たり外れがあるという現実を受け入れながらも、自分の想定を大切にする姿勢は、世代やトレードのジャンルを問わず、一目置かれる人の共通点だ。

ちなみに田畑氏は、とても早口だ。私を気遣いながら話してくれるのだが、それでも時間当たりの情報量が非常に多いのである。

おそらく頭の中では、かなりの量の情報が複雑に絡み合い、ものすごいスピードでそれを整理しているのだろう。学校のお勉強が得意とか、テストに強いだけで東大の大学院に合格したのではなく、本当に頭がいいのだと思う。

4. デイトレードの管理術

——すると、24時間で最大のトレード回数は？

物理的にあり得る最大の回数が6回、ですね。東京時間だけで3つの時間帯を示しましたが、あまりガツガツやりませんから、東京、ロンドン、ニューヨークと3つの時間帯で、それぞれ順張りと逆張りを1回ずつで合計6回、これが理論的にマックスのトレード回数です。

でも、やはり深夜のトレードは負けやすいと考えて避けることが多いのです。結局は、ほかの専業トレーダーに比べると回数が少ないはずですよ。実際は、1日に1回か2回ですね。

——では、〝撃ちまくる〟みたいなイメージはゼロですね。スキャルピングではないわけだし。とはいえ、毎日のようにやっていると、おかしな流れにはまってしまうこともありますよね？

もちろん、あります。そんなときは休みます。僕の経験では、1日か2日休むと元に戻りますね。

——大勝ちしたあとは、意図的に休みを入れますか？

それは、していません。本当は休むべきなんでしょうが、現時点でそういうルールは設けていいないんです。ただ、原因が何であれ、ダメなときは成績に如実に表れますから、それを見てブレーキをかけるようにしています。

――レバレッジについて質問させてください。ドル／円が１％動くのは容易ではない、ということは当然、10倍程度のレバレッジを効かせるのがふつうでしょう。でも、限度の25倍というと大きすぎるのでは？

１００倍、２００倍というレベルだと一瞬の逆行で資金が吹っ飛びますが、25倍というのは決して危ないレベルではないと思います。

もちろん、常にフルレバレッジで突進するのはダメですから、取れないときにポジションサイズを小さくする、あるいは休んで見ているだけという対応は大切にしているつもりです。「大勝ちしたら機械的に休む」みたいなストイックなルールがないだけで……。

50万円を9カ月で１０００万円にしたときは、そういったコントロールなしの常時フルレバレッジでしたが、今はもちろん「守り」も重視するトレードを心がけています。だけど、最も気にしているのは「勝率」ですね。

――勝率については、どのように考えているのですか？

勝率が低いかわりに取れるときに大きく取るというやり方もありますが、僕には実行できません。

精神的にムリだと思うんです。だから、勝率の高い方法で臨みますね。

現在の僕のやり方だと、勝率は70％なんです。７割の確率で勝つ方法で、利益も損も10銭、だから繰り返せば勝ちが蓄積されていく、という計算です。このほうが心理的にラクだと思うので、そのために時間帯に応じた戦略を用意すると同時に板読みをしているのです。

もし値幅を狙うのなら、レバレッジは抑えなければなりません。僕は小幅で取っていくので、レバレッジが大きい状態でＯＫなんだと思います。


――為替は株とちがって「上げ相場」「下げ相場」という概念をもてないと考えていますが、その点についてはどう思いますか？


うぅ～ん、そういう視点がありませんね。株とＦＸを比較して感じるのは、合理性でしょうか。株のほうが、ケインズのいう〝美人投票〟的な要素が強いと思うんです。

つまり、読みにくい。10倍になったり10分の１になったりという激しい値動きは、理屈で捉えることができないということです。

それに対してＦＸのほうが、テクニカル分析が通用する、別の言い方をすれば「ノイズが少ない」と感じますね。そんなＦＸマーケットで、値幅を取る〝ホームラン〟ではなく、コツコツとヒットを量産する感覚でトレードします。

そういう取り組み方をしないと僕の場合、日常生活に支障を来してしまうのです。それでも、管理が甘くて恐怖心が出てしまうこともあるので、勝率70％を軸に、勝っても負けても次のトレードを素直に実行するように努めています。

――自己管理で大切だと思うことはなんですか？

負けたときにトレード記録をよく見ることです。大きく負けた、それが続いたというケースでは、しっかりと振り返る必要があると思うんです。

――1回負けただけで振り返るのは極端だということですか？

いや、本当はやったほうがいいと思います。めんどくさがり屋なので、やらないだけです（笑）。

――それで大丈夫だと考える理由は？

僕も怠惰な人間なのですが、多くの人も同じように怠惰だからです（笑）。だからこそ、金融マーケットに値動きがあり、ＦＸの場合は株よりも合理的とはいえ、必ず値動きが加速する場面があるのだと思っています。

――フェイスブックで先日、「雑誌の連載を始める」って投稿していましたが……。

『ROLA』という女性誌から、連載の仕事をもらったんです。25～35歳の独身女性を対象としている雑誌で隔月刊なのですが、そこで僕がおカネについての情報を書くという企画です。

――企業向けのセミナー講師で声がかかることもあるようですし、トレード以外でも多くの人に勝っていますね。

突出したものがあるわけではなく、〝掛け算〟だと思うんです。僕が頑張っても、金融の第一線で活躍するのは難しいでしょう。もっと頭が良くて優秀な人が、いくらでもいます。

モデル風のプロフィール写真を使っていますが、モデルだけで仕事をもらえるはずがありません。でも、こんな茶髪の男が少し金融に詳しくてトレードもできるというと、グッと絞られてきます。

――そんな自己分析もするんですね。

僕の意見を聞いてもらうためには、注目される必要があると思うので、分析したうえで行動を考えます。あえて〝上から目線〟でものを言うとか（笑）。

反感を買って攻撃されてしまうかもしれませんが、埋没してしまったらダメ。インターネットの世界では目立つことが必要ですから。

雑誌での執筆や講師の仕事は、狙って勝ち取ったものではないそうだ。FXを始めた理由もそうだが、軽い雰囲気も感じられる。

だが、自分が若いころはもっと刹那的で、動物的本能を軸に日々を過ごしていた。そんなことを思い出せば、25歳でトレーダーとして自立しながら仕事のオファーが来ているのだから、頭が下がるだけである。

異なる世代の人とトレードの話をする、とても良い機会だった。

本河裕二

荒れれば荒れるほど稼ぐ野性のトレーダー

【証券ディーラー】

「私は張りません。乗るだけです」

証券会社のベテランディーラーである本河裕二氏は、周囲での評価が高い。

長年にわたってディーラー職を務めてきたことがそれを証明している、といえば簡単だが、厳しい状況で生き残っているディーラーたちの中で一目置かれているのは、彼の実績を目の当たりにしてきた人が多いということである。

私自身も以前から顔見知りでありながら、彼のトレードについて詳しく聞いたことがなかった。

2012年10月31日、日本橋にあるなじみの韓国料理店に席を取り、インタビューを行った。

1. 反射神経の勝負

――業界に入ったのは、たしかバブルのあとでしたよね？

１９９０年なので、いわゆる「バブル入社」です。日経平均の天井は１９８９年末ですが、まだイケイケで人員を増やしていたわけですから。

最初に入社した証券会社には、２０００年の12月までいました。

――今までずっとディーラー職でしたか？

はじめは、ディーラー兼トレーダー※でした。

でも証券界で損失補填問題が起きたあと、ディーラー専門になったのです。自己売買のディーリング業務と法人向けトレーディング業務が一体となっていることで玉を移し替えることが可能だったわけですが、それを物理的にできないようにした措置ですよね。

※証券会社のトレーダー
法人顧客の大口注文などを受け、臨機応変に処理する業務。同じ注文内容でも、トレーダーの腕前によって約定金額の有利不利が発生するので、発注側の法人が証券会社やトレーダーを選別していた。

91年の8月くらいに問題になり、半年間はトレーディング専門の時期がありました。

――そのころ扱っていた金融商品は？

ほとんどがオプションでした。先物もありましたが、当時は値段のつき方が安定していなかったので、避けていました。

――ディーリングに戻ったきっかけは？

当時はまだ、先物・オプションに関して知識や経験が不足している人が多かった時代で、大阪の部署で親会社から来る大量の注文をさばくため、トレーダー兼教育係みたいな立場で異動になったのです。

でも、その時の上司が「ディーリングやりたいんだろ？」という感じで希望を聞いてくれたことから再びディーリングをやるようになり、それ以後はディーラー専門です。

――いい上司だったんですね。

経理のスペシャリストでマーケットでの浮き沈みとは縁遠い人でしたから、「本河！　損したらクビだぞ」なんて言う人でしたよ（笑）。マーケット関係者の多くがおおようなのに対して、1円の食い違いを大問題にする銀行員的な人でしたから。
でも人間、言われてその気になるとできるんですね。今までのキャリアの中で1カ月間、約20日立会で1日もマイナスがなかったのは、大阪でディーリングを再開した月ともう1回だけですよ。しかもその月の利益は、932万円という好成績でした。
オプションのボラティリティ(変動率)が大きかった時代で100枚まで建てることができたので、大きなプラスにも大きなマイナスにもなり得る状況でしたね。

――ディーリングの手法は?

最初はリバーサルなどをやっていました。オプションの売り買いと先物を組み合わせる、裁定取引の一種ですね。

――それで手堅く利益を上げていた?

「手堅い」はずでしたが、当時のルールでは木曜日の権利行使が認められていたので、それに当たってしまうと合成ポジションが崩れるんです。
リバーサルというのは、「プット売りとコール買い」で〝先物の買い〟を擬似的につくり、それに先物売りを組み合わせているわけですよね。ところが権利行使に当たってプット売りが消えちゃうんです。権利行使があると先入れ先出しで機械的に割り当てていきますから、「オレまで回ってきますか?」なんて大声を出したりしていましたね。

――権利行使でポジションが崩れたら、どうするのですか?

翌日の寄付で、残りのポジションを無条件に手仕舞いです。一般投資家はそういった状況からワザを使って何かしようとしますけど、大ケガの元ですよね。

だけど、今もそうですが、私がずっと主としてやってきたのは、「単に動きについていく」だけのトレードです。

――例えば90年代なら現在よりもボラティリティは高かった。そういう中で短期のトレードを繰り返していたということですか?

そうですね。それに、今のように取引システムなどが整備されていなかったので、面白いことがたくさんありました。先物マーケットが創設されて間もないころで、「先物悪玉論」が流行するきっかけとなった外資系の裁定取引によって、相場が動く場面もたくさんありましたし……。

例えば当時、大阪証券取引所の端末よりもＱＵＩＣＫ社の端末のほうが情報が早い、なんてことがあったのです。

――えっ？　だって、ＱＵＩＣＫは大証から受け取ったデータを配信しているだけでしょう？

よくわからないのですが、大証が4～5秒に1回しかデータ更新をしなかったことによるタイムラグだったようです。私は理屈なんて興味はなく、ただそこに儲けのチャンスがあるという理由で手を出していました。

大証の端末では数字に変化がないのに、ＱＵＩＣＫでは先物に注意買い気配とか特別買い気配が出たりするんです。その中身が10枚なのか１００枚なのか詳細はわからないわけですが、とにかく反射的にコールオプションを買ったりしました。

そんなやり方で利益が出ていた時代もあったのです。

――そういうものは、ほかにもありましたか？

いろいろとありましたよ。

日本の大手証券などもシステムを組んで動かしていましたから、その特性を理解したうえで先回りを狙ったり。「今日この値段を上に抜いたら、○○証券の○○が順張りで買ってくるだろう」とか、そういうものです。

あと、電光掲示板の光り方で、注文を出している証券会社を当てるとか。

――なんですか？　その光り方って。

裁定取引は、日経平均採用銘柄を全部売り買いします。でも当時は、手作業を含めた非効率的な方法で大量の注文を出していたので、日経平均採用の225銘柄が並んだ株価ボードがピカピカと光って「おっ、どこからか裁定買いが来ているな」とわかるのです。

注文が来たときにその銘柄の価格表示がピカピカと光るわけですが、業種（ポスト）でまとめて光れば「裁定取引の注文だな」とわかりますよね。そのあと価格が上につけば「現物買い―先物売りかな」、下に値段がつけば「解消売りだろう」といった具合です。

ところが、会社によって発注のやり方にクセがあるから、手口を推測できるんですよ。

「9000番台から来ているから○○証券」「このタイミングは、手作業で処理の遅い××証券」といった感じです。

根拠となるのは、手口です。日経平均に採用されている品薄株を10銘柄くらい、あらかじめ見て手口を覚えておくのです。そして株価ボードが裁定取引らしい光り方をしたら、その品薄銘柄を端からチェックし、「今の買いは○○証券だ」と確認します。それを日々やっていると、パターンがわかってしまうわけです。

でも他社のディーラーだって同じような推測をしていたはずですし、現在のシステムトレードだって、同じような〝読み〟とか〝駆け引き〟がありますよね。

――それもポジションをつくるネタだったのですか？

いや、そういった情報は、トレーダーをやっていた時の顧客向けのネタでした。それを聞いた事業法人などの担当者が、どう利用していたのかは不明ですが（笑）。

私のトレードは、極めて単純です。動いたら乗る、それだけですね。何か説明する言葉があるのかもしれませんが、自分ではよくわからないのです。

先物やオプションについては、証券会社に入ってから存在を知ったくらいですから当然、座学から入りました。

でも実践の売り買いは、本当に反射神経で「乗る」だけなんです。トレードを覚えたころからそうですし、今も同じことを続けています。

本河氏は「特に理論など持ちあわせていない」「ただ動きに乗るだけ」と言う。

書く立場からすると「このインタビューをどうやって文章にしようか」と考え込んでしまう部分もあるわけだが、実は期待通りだったのかもしれない。

手法や理論を紹介する本などいくらでもある。むしろありすぎるくらいだ。もっとトレーダーの内面を紹介したい――こういった気持ちに十分に応えてくれる興味深い人物である。

文章では割愛しているが、「入社したのは1990年4月2日です」といった具合に、経歴を聞くと正確な日付を即答する。

「えぇ～と、たしか……」と前置きして日付を言う人はいたが、あらかじめ確認して話す練習をしていたのではないかというくらいスムーズに日付の情報を加えてくれた人など、いなかった。人間の記憶は通常、感情や付加的な情報を伴って〝いつでも引き出せる〟記憶として蓄積されるというが、専門家によると、一般的な記憶とカレンダーの情報はリンクしていないらしい。本河氏の記憶は、かなり特異な能力のようだ。

本人は自身を「野性です」と言うし、まさにマーケット関係者といえるおおようさをもっている。それと同時にきめ細やかな部分が見え隠れし、日付を正確に記憶している――これは、野性による「危険を避けるための臆病ともいえる部分」なのではないだろうか。

野生動物はひたすら危険を避け、淡々と本能で生きている。冒険をしない。そんな表現がピッタリのように感じた。

2. 乗る、張る、切り取る

――経歴の中で最も長いトレード対象は？

先物ですね。94年までがオプション中心で、そのあとは先物専門でした。

――やはり、ひたすら〝乗る〟だけ？

その通りです。理論も何もなく、動いたら反射神経で乗って、利食いして、また乗って……これを繰り返して取れなくなるまで乗り続けるんです。

――注文伝票の枚数が異常に多い、と聞いていますが。

取れているときは、やり続けますからね。1日に数百枚の伝票を書いたことがありますよ。

1回ごとに書いていたら間に合わないので、とにかく打刻機で時間だけを打っておいて、あとで書くのですが。

――多くの人は、利益が出ていないときに伝票枚数が増えてしまうのでは？

そうかもしれません。ふつうはある程度の利益が出たところで「勝ち逃げ」し、その日を終わりにしてしまいます。でも私は乗り続けます。取れる相場に出会ったら、取れるだけ取らないといけないと思っています。

――良い結果が出ているとはいえ、伝票の処理は一苦労だったでしょう。

1日の伝票枚数が200枚を超えると、かなりしんどい作業になります。でも日計りディーラーなら多かれ少なかれ、ある程度の手数（てかず）があります。だから、立会が始まって1時間経過した午前10時くらいに動きが止まったりしていました。多くのディーラーが〝伝票整理〟タイムに入るんです（笑）。

動きが止まる、だからやろうとしていたディーラーも手を出さずに伝票整理などをやり始める、そしてさらに動かなくなる、という構図です。

――そのときに何か仕掛ける人は？

そういうケースもありました。誰かがまとまった注文を出すと、伝票整理をしていた各社のディーラーが再びワッと戻ってくるのです。手作業を交えていた、なつかしい時代の出来事です。

——本当に、野性の行動ですね。すると、ＬＴＣＭ※のような取り組み方については、どのように考えていましたか？

もともとアプローチが異なるので、特に比較したり研究するような対象ではありませんでしたね。私のやり方は「乗る」だけで、「張る」ことはしないわけですから。

※ＬＴＣＭ
Long-Term Capital Management（ロングタームキャピタルマネジメント）。米国で一世を風靡《ふうび》したヘッジファンド。ノーベル経済学賞を受賞した経済学者のマイロン・ショールズとロバート・マートンといった著名人が取締役に名を連ねたことから「ドリームチーム」とも呼ばれ、高レバレッジの運用で好成績を出したが、　97年のアジア通貨危機とその後の混乱で破綻した。

——ちょっと待ってください。「乗る」と「張る」のちがいは？

私は、動いたらスッと乗って、ちぎって終わり。ただし、また乗っていくことで、動きについていくわけです。オーバーナイトせず、ザラ場の動きだけが対象ですが。

これに対して、たとえザラ場の動きだけでも、「動くだろう」と考えてポジションを取る行動は、私にとって「張る」行為なのです。

——新鮮なアイデアですね。では私の売買は？

ポジションを取る行為をふつうに「張る」と表現しますが、微妙な言い回しとして、十分に資金に余裕をもっている状態は「張っていない」、詳しく言うと「ムリな張り方をしていない」ということです。

資金稼働率を抑えてポジションを取っていても、私にとっては「張る」行為です。日計りであろうが数カ月のトレードであろうが、同じですね。林さんの売買は、もろに張っています。

――では、サヤ取りは？

私がなじんでいるサヤ取りは、例えば日経２２５先物のシンガポールと大阪ですかね。シンガポールは値動きが5円キザミで大阪は10円、すると5円のサヤで売り買いを決めて利益を確定できる場面があり得ます。こういうのは私にとって、「切り取る」行為です。転がっている利益を拾うだけですからね。

ちなみに私が最初に手がけたリバーサルも、切り取りです。相場の方向性を当てにいく要素はありませんから。

――おもしろい分類ですね。

「新日鐵が上がりそうだ」といって仕込むのは、「張る」ことです。

日計り狙いで先物を建てても、100円、200円という幅で取りにいくのは「張る」なのです。私にとっては、ということですが……。

私にも張る瞬間はありますが、乗るだけにとどめるのが基本です。これが私にとって、最大のリスク管理なんです。

――自分の強みは何だと思いますか？

乗るときの決断が速いことでしょうか。試し玉として数枚建てたりもしますが、その効果がどうのこうのということよりも、動いたときにバッと乗っかるスピードだと思っています。瞬間的に増やして60枚、70枚くらいの建玉をつくります。

ポジション操作については人それぞれですし、私も状況に応じて変えたりしますが、乗るときの反射神経が強みだと自分では考えています。

「成功体験がジャマをする」ことがありますよね。成功体験も含めて自分のスタイルがつくられ、それこそが強みになっているのがふつうだと思いますが、例えば逆張りとか順張りとか、そういう上っ面の言葉で表現するのはムリなんですけど、「張る」という発想をベースとした観点を私は捨てているのです。

――自分に残っている〝体験〟は？

ヤラレたときの恐ろしい体験があります。92年8月に、あるコールを520円で20枚買いました。そのあと相場が強張ったので540円でもう20枚買ったのです。利乗せですよね。そうしたら急落して、なんと合計40枚、平均530円で買っているコールが300円を切ったのです。

その当時いた会社のルールは「1日の最大損失は300万円まで」というものでした。それなのにザラ場で1000万円の評価損が発生し、青ざめましたね。

でも古い時代ですから、ディーラーの評価損益をリアルタイムでチェックする機能なんてなかったので、独りで画面をにらみつけていました。隣の男はさすがに察して、「どうするんですか？」とヒソヒソ声で聞いてきましたけどね。

――そのあと、どうなったのですか？

なんと、引けにかけて戻り、評価損が290万円になりました。間一髪でセーフだったのです。でも、同じような目に遭うのは二度とゴメンです。この経験から学んだのは、ヤラレたときの処置ですね。

言い尽くされていることですが、「ただ切るだけ」ということです。ヤラレナンピンなんて最悪、地獄行きの手ですよね。

一般の人は引かされた玉の平均値をいじくるために数量を増やしていくことが多いようですが、危機管理や資金管理という面で錯覚があるのかもしれません。私が経験したようなハラハラドキドキと同じことを平然とやっているんだと気づけば、逆に動いたときの対応も改善され、そもそもポジションをつくるときの姿勢がグッと良くなるように思います。

とにかく、こういったことも含めて「張らないこと」に私は徹しています。

本河氏の話を聞き、張る、張らない、という観点で考えてみた。私は周囲の人から、「林は張らないからなあ」と言われることが多い。常に控えめに売買するからだ。

最初に覚えたのは、休むこと、そしてポジションを取るときでも資金をたっぷり余らせておくことだった。だから、「おまえのは相場ではない」といった否定的な意見をもらうことさえある。

現在も片玉2分の1、つまり目一杯建てても資金の半分、しかもトレード資金とは別に現金を持つなど二重の備えをしたうえで稼働率を低く抑えておく。

でも、本河氏にとっては「張っている」「ジャマになるかもしれない成功体験を基にした思惑」ということで、彼の感覚からすると近寄りがたいトレードスタイルのようだ。

3. ストックは枯渇する

――年ベースでの利益は？

ほぼ毎年、1億円を超える利益を出してきました。

――すると報酬も、けっこうな額ですね。

最初の会社ではわずかなインセンティブ（比例報酬）しかありませんでしたから、半期で1億6500万円の利益を上げた時、ボーナスの上乗せ分が165万円、といった程度でした。でも、合計で201万円のボーナスというのは、当時の私にとっては大きなおカネでしたね。「オレってスゴイ」なんて思いましたから（笑）。今は、利益の3割をもらえるくらいが標準的な契約ですかね。そのかわり、成績が悪ければすぐに席がなくなりますが……。

――年間で最高の成績は？

年間の利益4億円弱というのが最高ですね。

――報酬の少ない社員ディーラーの時代もありましたし、消費だってしているわけですが、それなりに蓄えたでしょう。引退してのんびりという発想はありますか？

それはありませんね。相場が好きとか嫌いとかではなく、生きていれば単なるストックはゼロに向かって減っていくものですから。

仮に10億円のストックがあれば話は別でしょうが、1億円とかせいぜい2～3億円の蓄えだと、あと何年生きるのかはわかりませんが、いずれ溶けてしまいます。「カネがある」と考えてしまうのは、とても弱い状態です。世の中、計算通りにはいきませんからね。やはり、月々の実入りがない状況はコワいと感じます。

月間の収入が30万円で消費が50万円だと、毎月のマイナスは20万円です。仮に1億円の貯金があっても、年間２４００万円のマイナスが10年続くと２４００万円の赤字で、手持ちの2割超が消えるわけです。

「まだ７６００万円残る」と考える人もいますが、私はコワいと感じてしまうのです。ストックリッチでもインカムプアーという状況は、避けたいと考えます。

私はそんなストイックな生活をしてきたわけではありませんから、何もしなくてもいいというほどの蓄えは残っていません。調べてみたことさえありませんが、機会をみて不動産を買っておけばよかったのかもしれませんね。

――悲観的な響きですね。トレードには、楽観と悲観のどっちがいいのでしょう?

楽観と悲観の線引きが難しいのですが、立場にもよりますよね。

組織のトップといった立場だったら、〝鈍感力〟も必要だと思うのです。楽観的に夢を広げて馬車馬のように突き進む力といえばいいのでしょうか。そこにセカンドの人がいて、例えば「20カ月後に資金がなくなりますよ」と提言すると、耳を傾けて警戒しながらも、一方でそれをものともせず前に進む、みたいな。

マーケットを相手に孤独なトレードをするには、守りの姿勢は大切です。でも半面、何かを始めようとした際に計算ばかりしていたらダメですよね。

相場にも同じことがいえて、「よくわからないけど買っておこう」と考えて行動できる人がいちばん儲かるのかもしれません。ちょっと一面的で極端な言い方かもしれませんが。

――楽観とか悲観ではなく、状況に応じた対応では?

そうですね。相場でヤラレたときの行動とか。ヤラレて熱くなる人が多いのかもしれませんが、私は寒くなります。たぶん、儲かっても寒くなるのかもしれませんが、ヤラレたときに枚数を減らすという行動が、ガマンとかそういう感覚なしで自然にできると思っています。

こういうインタビューを文章にすると、一部の投資家からは「手法が語られていない」と批判される。でも私が聞きたいと思っているのは、まさにこういった哲学的なことなのである。

本河氏は、ダメなときにどうすればいいのかを、経験からガッツリと理解しているのである。そそんな部分を私は野性の感覚だと評し、見習いたいと感じる。

「ただ乗るだけ」と本人は言うが、ほかのディーラーが「もう腹一杯だ」と感じるくらいの利益を上げても、その流れが完全に止まるまで〝乗り〟続けるのである。

本人も「乗るときの決断が速い」と言っているが、機関銃のように打ちまくるトレードを止めるときもスピーディーだろう。効きの良いブレーキを備え、ブレーキペダルを素早く踏むことができる――そういう能力があってこその攻めを武器にしているのである。

本河氏は現物株をトレードしていた時期もあったようだが、周囲の人が理解できないくらい荒っぽい動きの銘柄を好み、値動きに乗って見事に利益を出していたという。

読者にはこのような部分をマネしないでほしいと強く思うのだが、いろいろな個性、いろいろなバランスの取り方があると感じた。

【特別インタビュー】3・11とマーケット

黒木弘明

【証券ディーラー】

「平時に戻るのを待ちました」

2011年3月11日の震災直後のトレーダーの行動についてインタビューしたものを紹介する。震災のあと、直接的な被害がなかった人も被災地の情報に心を痛めた。だから、たとえマーケットの話題であっても抵抗があるのだ。

このインタビューは、生の記録を今後の備えとして共有するためのものである。

黒木氏は、今年で33歳になる歩合契約の証券ディーラーだ。業界にいる私の知り合いの中では若いほうだが、とても落ち着いた考え方の持ち主で、世代のギャップを感じさせない人物だ。

彼は1995年に関西の自宅で阪神淡路大震災を経験し、2011年3月の東日本大震災の時は東京の職場にいた。

1．仕事は酔っ払いの相手

――地震が発生した時は、会社にいたんですよね？

そうです。通常通り、マーケットを相手にしていました。

――ふだんの手法を、簡単に説明してもらえますか？

よくある、日計りを基本とした売買です。〝飛び乗り飛び降り〟という表現が正しいかどうかわかりませんが、勢いがあるときに乗って勢いがあるうちに降りる。つまり、ポジションをムリに膨らませないというか引っ張らないというか、持っている時間を短めにする傾向はあると思います。

最初にお手本とした人がそういうスタイルだったので、それを覚えて素直に今でも実践している、というところでしょうね。対象は、値動きの軽い新興市場の株が中心です。

――地震が起きた瞬間、ポジションを持っていましたか？

いいえ、私のポジションはマル（ゼロ）でした。地震は3月11日金曜日の14時46分18秒ですから、大引けまで14分を切っていたわけです。日計り中心ですし、何よりも週末を控えた金曜日でしたから、予定通りにポジションを解消して手持ちなし、という状態だったのです。

――いつも、早めにゼロにするのですか？

そういう傾向があります。それが私のスタイルということもありますが、「大引に関与しない」ことに注意している面もあります。引けの値段を〝つくって〟しまうと違反、ということなのですが、明確なルールは各証券会社の内規です。

私が所属する会社の内規はそれほど厳しいものではありませんが、私は早めに手仕舞いする、そしてたまたま地震の瞬間にポジションゼロの状態だった、ということです。

――阪神淡路大震災を経験していると思いますが、比較するとどうだったのでしょうか？

阪神のときは早朝だったので、いきなりの大きな揺れに驚いて飛び起きたという状態でした。今回は日中で、ゆらゆらとした揺れが徐々に大きくなって長く続いたわけです。

最初はたいした規模の地震ではないと感じて、すぐ横にあるパーティションを手で押さえたりしていたのですが、パソコンのディスプレイが床に落ちるのを見て「これはムリ！」と判断し、とにかく机の下に隠れました。

もし阪神の時と同じ揺れ方をしていたら、オフィスは一瞬でパニックになっていたでしょう。

——揺れが収まったあとは、避難したのですか？

ポジションがなかったので、揺れている間は自分の身を守るために机の下に隠れていられたのですが、ようやく揺れが収まったころに「パソコンをはじめとした機器をチェックしなければ」ということになり、その対応に追われて社内に残っていました。

——歩合のディーラーが、そんなこともするのですか？

小さい会社なので、たまたま知識のある私がボランティアでシステム関係の世話をすることがあります。映画に登場する二枚目の証券ディーラーじゃなく、現実の職場ですから。まあ、中小の会社にありがちな〝なんでも屋〟ですよね。

——そして、ずっと社内にいたわけですか？

少し時間が経過したところで会社側から「外に逃げろ」と指示が出たのですが、私は中にいたほうが安全だと判断しました。例えば堅固とはいえない木造住宅なら「傾いて外に出られなくなる」とか「倒壊する」といったことを想像しますが、堅牢な鉄筋コンクリートの建物だと認識していたので、中途半端に外に出るほうが危険ではないか、というのが私の考えでした。

そして、駆けつけてくれたシステム会社の人が「電話がつながらないから待ってて」と言って自転車で出かけたので、それを待ちながら社内のシステムをチェックしていました。

——ほかの人たちは、どこに逃げたのですか？

関西出身の人たちは、喫茶店に逃げました。阪神淡路の経験や見聞から「地震＝津波」という連想がすぐに働きますから、ビルの高い階にあった喫茶店に行ったようです。ところが最初から東京にいる人は、近くの川沿いに逃げたみたいですね。地震の直後に水辺に近づくなんて、私にとっては完全なペケ印の行動です。東京湾という構造で問題ないのかもしれませんが、とにかく川に近づくなんて怖くてできませんよ。

——家には帰れたのですか？

実は歩いて帰れる距離だったのですが、独り暮らしということもあって、「おまえはいつでも帰れるんだから、帰るな」みたいなことになりました。

——何をしていたのですか？

機器チェックのほかに、弁当を買いに行かされたり、個人で持っていたインターネットルータで接続して被害の情報を集めたり、あとは酔っ払いの相手ですね。

――どこの酔っ払いですか？

残っていた人の一部は、ニュースで見た津波の映像を頭からかき消して寝ようとしていたのですが、私が買ってきた酒を飲んで騒いでいる先輩たちの相手をする役目の人がいなかったんです。だから私がそれをやらされた、という状況でしたね。

――まさに〝なんでも屋〟ですね（笑）。

ほんと、ヒドいもんですよ。酔っ払いたちが「飲みに行くぞ！」って、私につき合えと強要するんです。「ラーメン食いたい」なんて人もいましたし……。

ところが外に出ても、店なんて開いていませんよね。様子を見ながら営業していたところも、たいていは従業員のことを考えて閉めちゃってましたから。だから、しばらく歩いてあきらめて会社に帰ってくるしかなかったんですが、就寝組の人たちから「なんで、こんなに早く連れて帰ってきたんだ」という目でにらみつけられるわけですよ。

離れて暮らしている家族にはインターネット経由で連絡しましたし、独り暮らしでペットがいるわけでもなかったのですが、本当はとにかく帰宅したかったのです。だから一緒に飲んで酔っ払う気もなく、だらだらと酔っ払いの介護役をするという最悪の夜でした。
まあ、けが人もいない、ビルも壊れていない、電気も通じているという状況だったので、こんな程度の笑い話なんですけどね。

2. スタイルを変えなかった

――翌週の職場は、混乱していましたか？

機器やシステムに大きな不具合はなかったので、売買する環境に問題はありませんでした。交通網の混乱で出社できない人はいましたが。
一部の人は荒れたマーケットを相手にガリガリとやって、けっこう儲けていたみたいです。でも私は、仕事に精を出す気分ではありませんでした。

――その理由は？

いや、「いつも通りのことをしよう」としか思わず、「ここがチャンス」といった発想はもてませんでした。現在はアベノミクスを背景に出来高とトレンドがある相場ですから（編者注：インタビューは2013年3月）、自分が想定している動きがコンスタントにある、値幅を狙える、ということで積極的に売買しているのですが、震災直後の異常なマーケットでは、自分のスタイルを崩してまでポジションを取る気にはなれませんでしたね。

――黒木さんにとってのチャンスが少なかったということですか？

いや、チャンスそのものは多かったんです。動きがありましたから。でも、どんどんポジションをつくっていくという感じではなく、腹八分目というか控えめに、自分に違和感のないところだけを拾っていきました。

余震で発注のインフラにトラブルが起こることも想像していましたし、原発の不透明な状況も手控える要因のひとつでした。また根本の部分で「食べ物を確保し続けられるのか」という不安だって、私にとっては無視できないことでしたから。

――ガンガンやっていた人たちは、みんなうまくいったのでしょうか？

しっかりと利益を上げていましたね。やはり、生き残っているプロですから。だから私は、成績でどんどん離されていきましたよ。

3．リスクとリターンは等しい

――では、それぞれがそれぞれのスタイルで泳いでいった、ということですね。

そうですね。私も、余震がかなり収まったあたりで平時のマインドセットに戻りました。でも、自己資金で買った東京電力が下がっちゃって……。利益相反防止の手続きを踏んで、正式に会社に申請して買ったのですが、それが買い値からどんどん下がってしまいました。

――それは、どういう経緯だったのですか？

原発事故を背景に大きく下がっていた状況で、これは国の責任、だから大丈夫、今の水準は売られすぎ、といった発想でした。で、塩漬けですよ（笑）。

――仕事の売買とは異なるようですね。

自分ではよくわからないのですが、全く別の脳でやっているみたいですね。

だから、政府の対応が阪神淡路の時より悪かった、信じられない、という気分で東電を抱えちゃってるんです。意地になってます。

――ふだんのディーリングにおける感覚は？

言葉にするのは難しいのですが、動くからやる、利益のチャンスがあるからポジションを取る、やりたくないけどやる、みたいな感じでしょうか。

強迫観念で売ったり買ったりしているのかもしれません。「動いている、だから買わなきゃディーラーじゃない」っていう感覚ですね。

理屈で考えたら上がるのがおかしいというケースはいくらでもありますが、「上がっているから買おう」と、反射的に端末をたたくんですね。

こうやってからだが動くうちは、利益を上げてディーラーとして存在していられるでしょう。リスクとリターンは常に等しいので、どんどんやればリスクも期待できるリターンも増しますが、「なんだかおかしい」「ヤバい」と感じたときは反射的に引く、つまりポジションを減らしたりポジションを取らなかったりします。

マーケットに携わる人は、おカネと人が極端に動く部分を見ているので、とても偏っている部分がありながら、鋭い観察をする面もあると思う。その中でもディーラーという職種は、世の中の動きを集約しているともいえる相場を相手にし、日々の変化に忙しく対応している立場ゆえに独創的だ。特に黒木氏のようにこだわりのある人は、とても面白い。

ふだん、他人を相手に説明することなどないから、言葉を探しながら問いに答えてくれたのだが、表面には出てこない真実がジワッと伝わってくる感覚があった。

最後に、阪神淡路大震災では被災し、東日本大震災では東京の混乱の中にいた経験から得たことを知りたくて、マーケットと離れたテーマでも質問してみた。

4. 有事と平時

――震災直後は控えめな売買だったということですが、例えば復興関連の銘柄が買われるなどの動きにも〝食欲〟は湧かなかったのでしょうか?

ディーラーとして、「やろう」という気はありましたよ。でもなぜか、最も動くだろうという銘柄を素直に手がける気持ちにならず、二番手、三番手みたいなところを検討してみたり、そんな接し方でしたね。

――阪神を経験しているから、被災地のことを考えて心理的に動きにくかったという面は?

それも、あったとは思います。やはり、テレビなどを見ながらいろいろなことを考えました。ACのコマーシャルに「うるさい」って苦情が殺到したとか、極端な状況になっていたわけですから。仕方がないことだったのに……。

――多くのスポンサーがCMを自粛した結果ですよね。耳障りだとは感じましたが、私は感情的に反発するほどではありませんでした。それよりも私自身は、立場も製品もそれぞれちがう大企業が、そろって自粛したことに違和感を覚えました。

阪神の時は、非常時の態勢で被災情報だけを流し続けるのが当たり前、それこそがメディアのあり方だという雰囲気の中、「こんなときこそ通常通りの放送をしよう」という考えで電波を流していた局がありました。

もちろん「やめろ」といった強烈な苦情の電話も多かったようですが、それらの苦情は被災していない地域からのものばかりで、被災地で苦しい立場にいる人たちからは評価されたようなのです。

意見も考え方も多様だと思いますが、生身の人間は理屈では計れません。その人間たちの行動が数字として現れる株式市場は、とても魅力的なところだと思います。

市場のすき間をとことん探る
個人トレーダー

盛田聖一

（バルバロス）

「行動には理由が必要なんです」

同じように売り買いしていても、実践者の内面や背景は十人十色。マーケットの価格を気にするのは当然として、その価格がついている理由を無視する者もいれば、わかる範囲で理由を探ろうと試みる実践家もいる。私自身は明確に前者に分類されるが、今回インタビューした盛田聖一氏（仮名）は、マーケットで価格が形成される構造を、証券会社での実務経験と独自の研究によって深く理解し、その視点を生かしてトレードのチャンスをうかがう。

今年（２０１６年）で33歳、新卒で業界に入ったのが２００６年というから、世代の差による目の付け所のちがいも興味深い。「価格だけを見る」姿勢とは異なる考え方に耳を傾け、実践者の姿勢によって生じる強みや弱みを考えるヒントにしてほしい。

1．最初は「儲かる数式」を探した

――新卒で証券会社に入ったそうですが、学生時代からトレードに興味をもっていたのですか？

同じ下宿の先輩が株に興味をもち、「一緒にやろう」と私に声をかけてきたのがきっかけでした。

――証券研究会といったサークルに入ったのですか？

いえ、あくまでも個人的な活動でした。しかも、声をかけてきた先輩は途中でエネルギーを失ってしまったので、のめり込んだ私ひとりで研究と実践を進めたのです。

――最初の情報源は何でしたか？

ネット通販のアマゾンで本を探し、『あなたも株のプロになれる』や『プロが教える株式投資』、林輝太郎先生の本も読みました。評判の良い本をチェックして絞っていった結果です。きちんと実践している人の本を最初に読んだのは正解だったと思いますし、商品先物の世界を知ることもできました。実際、株だけでなく商品も手がけながら研究していましたしね。

――すると、相場が大好きで証券会社に入ったクチですね。

ＪＲＡ（日本中央競馬会）では、競馬好きの人を採用しないと聞きます。証券会社も、バランスを欠いてトレードにのめり込む従業員はお荷物ですし、事故を起こす可能性もあるから警戒します。面接では、「相場が大好きです！」なんて余計なことは言いませんでしたね（笑）。

――証券会社に入って即、自分の資金でも売買したのですか？

真っ先に取り組んだのは、商品先物でした。輝太郎先生の本を読んで知識を得ていたので。

――社員の株売買について厳しかったとか？

いいえ、業界の中ではゆるいほうだったはずです。

事故防止の観点から、「投機的な売買禁止」が原則ですよね。そのための縛りとして「現物のみ、６カ月間保有」なんてルールを設けている証券会社が多いのですが、６カ月間売ってはいけないなんて、かえって危険だと思います。

そんな不合理な決まりはなく、売買の前に支店長の印鑑をもらう必要はあるものの、数週間後に手仕舞うくらいなら問題なし、という認識でしたよ。

――商品先物は純粋な気持ちで取り組んだのですね。どんなやり方をしたのですか？

いわゆる、システムトレードです。

学生時代、トレードを勉強する中で、インターネットを通じて情報交換するようになった先輩トレーダーから手ほどきを受けたのが始まりで、あとはパンローリング社発行の本を読むといった勉強をしながら、自分でシステムを構築するようになったのです。パソコンの表計算ソフトを使えば、データ処理や分析ができますからね。

ちなみに、対象は中部ガソリンでした。数字までは覚えていないのですが、東京ガソリンは当時、1枚当たりの証拠金が高かったので、少額資金で売買できる中部ガソリンを選んだのです。

――どんな発想を基にロジック（ルール）を組みましたか？

発想……つまり、「こういう動きに乗りたい。定義は何だ」というアプローチですか？　そういう入り方はしていません。ガソリンの価格だけでなく、WTI原油の価格、穀物、為替と、さまざまな銘柄のデータを蓄積しました。それらの相関関係から個別の値動きまでを、いくつもの観点で検証するシートを作ったのです。

徹底的に分析を進めると、各数値の面白い相関が見つかるのです。それを基にした寄り引けシステム、つまり寄付で仕掛けて引けで手仕舞いするデイトレードのルールをつくりました。

もちろん、売りもあれば買いもありますし、シグナルが出ない日は手を出しません。たまにオーバーナイトして翌日に持ち越しましたが、これも統計データから導き出した戦略です。

――現実の事象からロジックを導き出したということですか？

その通りです。当時の戦略については、基本的に理由が不明だったのです。法則を見出す際のポイントには、「曜日」という要素もありました。いわゆるアノマリーさまざまなパターンがあったたのですが、例えば「月曜日に強かったら同じ週の金曜日も強い」といった、いわゆるアノマリーです。でも、その理由は全く説明不能でした。

「たぶんこうだろう」といった推測さえできなかったのですが、とにかく何かしらの傾向があれば、それに従うトレードルールを実行するという方法ですね。ただし私の場合は、〝シンプルさ〟を重視していました。複雑なものは結局、扱いに困りますから。

――コンピュータが身近になったので、その手のアプローチをする人が増えているのでしょうね。

実際に多いと思います。

でも、今の私ならば「ちょっと考え直せよ」とアドバイスします。「なぜそうなるかを、自信のある理屈で説明できないならば、使わないほうがいいよ」とか「リスクを抑えて実行しろよ」とか。

——でも根拠を考えない姿勢が、ある意味、システムトレードの主流みたいになってますよね？

そうなんですが、たまたまの傾向を数式化した場合、徐々に機能しなくなったり、ひどい場合はある日突然に全く機能しなくなることもあります。

——商品先物のロジックは、機能し続けましたか？

社会人になってから再スタートして、1年半くらいでやめました。機能しなくなったからです。異なるロジックで続ける選択肢もあったのですが、商品業界では、勧誘に極端な規制がかかったために個人投資家の参加が減りましたよね。あれで、価格形成がゆがみました。

プロ同士がしのぎを削るような構図になったと思うんです。さらには、利口な外国人の参加が増えたとも思います。主戦場としては、難しすぎる場になってしまいました。

最初に手にしたのが立花義正氏や板垣浩氏の本だというから、ずいぶんとシブい路線から入ったと感じるのだが、ストレートにデータを解析して法則を探すあたりは、妙な言い方かもしれないが、「若者世代」という単語を連想させる行動である。盛田氏は現在、株式の売買を専門としている。このあとは、証券マン時代の経験が現在のやり方に結びつく過程について話を聞いた。

2. 営業マンは問題解決してはいけない？

――会社側が従業員の売買、いわゆる〝手張り〟に寛容だったのですから、商品先物だけでなく株も売買したんですよね？

はい、少ない資金でコツコツと実践しました。

自分なりに調べて、「有利だ」と思えるものをお客さんにも勧めるじゃないですか。それと自分自身の純粋な研究は、ある程度まで重なってくるので、営業の仕事がそのまま自身の勉強につながりましたね。

――コテコテのテクニカル分析ではなく、理由を説明できる〝選別投資法〟的なものですね。

そうです。そのころからは、ファンダメンタル分析のアプローチでした。

まず、四季報が発行されたら隅々まで読みます。そして、そのときのマーケットの流れを気にしながら、資産内容が良くて割安な銘柄を探すといった方法でした。含み資産、現金資産などのデータをよく見ていました。

細かい変動までは読み切れませんから、下げたときに損が少ないもの、下値不安の少ないもの、といった観点を重視していましたね。

――そのまま、お客さん向けの情報になるのでは？

いやあ、一般的な個人投資家の場合、よく知られた優良株、例えばトヨタとかじゃないと反応が悪いんですよね。

本当に手堅いと確信があっても、井関農機や共栄タンカーといった小型銘柄を勧めても、なかなか興味を示してくれないんですよ。必然的に、ブランドものを示して「資産として持ちましょう」という営業がメインになります。

新規のお客さんに対しては、特にそうですよ。本当の株好き、相場好きの人は、ひと握りです。

――価値観はさまざまなので当然といえば当然ですが、伝わらない歯がゆさもありますね。

お客さんのためになると確信している提案が、お客さんの気分を害することがあるのです。

相場の先行きは当てられませんが、経験やデータから可能性を示すことはできますよね。で、極めてプレーンな分析を基に銘柄乗り換えの提案をしたとしても、手持ち株の値段が買い値より少し下だと「いま売ると損になる……」という理由だけで、提案そのものを受け取ってくれないんです。

でも、「そんな自分の都合を持ち出したらダメです」とも言えない。「何を生意気な！」と怒られてしまいます。

その日の数字をつくるためだけに、顧客に電話して乗り換えを勧める証券マンがいるのも事実です。だから、何から何まで信じてくれなんてムチャなのは承知ですが、落ち着いて提案して、結果としてわずかな営業成績になるくらいに考えていたとしても、それはそれで〝私の都合〟になってしまうんでしょうね。

投資家に向けて直接的なメッセージを発信する立場、例えば講演を行っている人ならば、「〇〇するのはダメです」とか「〇〇に気をつけなさい」とストレートな表現を使う。

それに対して盛田氏のように〝プレーヤー〟の場合、説明はおのずと控えめなものになる。半面、落ち着いた気持ちで素直に耳を傾けられる、一種の安心感のある言葉が並ぶ。

本書でインタビューを紹介するのは、「王様は裸だ」と躊躇《ちゅうちょ》なく指摘する人物ばかりだし、それを聞くことが私にとって大切なゴールなのだが、それぞれの人に特徴があることを踏まえて情報を受け止めてほしい。

3. 株価を左右する〝何か〟

――ずっと営業だったのですか?

最初の2年ちょっとと最後の約2年が営業で、途中の約5年間は総務などのバックオフィスで仕事をしていました。実は、それが貴重な勉強の期間でした。

規模の小さい証券会社だったので、株式や債券の引受業務とかM&A(買収、合併)の専門部署がなかったのです。注文を受けて売買を執行する委託業務がメインですよね。すると、付随的に発生するTOB(株式公開買い付け)、あるいはIPO(Initial Public Offering、株式新規公開)の仕事は、一般的な事務方が業務の一部として携わるわけです。

――でも、主幹事になることもなかったのでしょう? 深く勉強するための情報があったのですか?

おっしゃる通り、単なる事務仕事です。でも、個人的に興味をもって勉強したのです。TOBやIPOにおいて「株の値段をどう決めるか」は、例えばアナリストの株価レーティングよりも〝手が込んでいる〟ものだと思うんです。どちらが上とか下とかではなく、マーケット価格の観察から完全に離れた視点で行うので、ある意味、精緻な分析が実行されるというか……少なくとも、私が商品先物で行った「結果から数式を導き出す」姿勢とは全く異なる、極めて論理的な思考によるものです。

しかし現実問題として、マーケットによって評価される事実もあるわけです。だから当然、マーケット価格の変動についても深く観察することになりますが、ベースとなる理論があるので、研究と試行錯誤を進めるうえで「幹」となるものが存在する、強固なものが出来上がると思うんです。

——なるほど。で、例えばどんなことがわかりましたか？

株価は、単純に「会社の内容」で決まるものではない、ファンダメンタル分析だけでは説明できない、ということです。いや、実に当たり前のことなのですが、例えば新規公開された銘柄が、上場直後に2倍に跳ね上がる……マーケットの人気が極端だったと説明することもできますが、公開価格が適正だったのか、という疑問もあり得ますよね。

勢いのある会社が株式を新規公開するので、年単位で見ると上場直後が高値になって、しばらくは下げ波動をみせる傾向はありますが、単純に株価だけを見た場合、上場直後に上伸しない銘柄もある中で、グングンと伸びる銘柄があるわけです。

——どんな理由があるのでしょうか？

完全に説明できることではないので、それを承知で聞いてほしいのですが、まずは公開企業側の都合ですね。創業者である社長が、自分の持ち株を上場直後に売りたがっているとします。そういう事情が見え隠れしていると、上場後に買われる勢いは生まれない、とか。

――なるほど。新興企業ならば、そういった事情が株価に影響を与えることは考えられますね。

新規公開という〝ハレの舞台〟において、関係者たちの立場や力関係を考えれば、いろいろな推測が成立します。

これも、推測ということで控えめに受け止めてほしいのですが、例えば、「新規公開株には夢があるよ」と投資家の注目を集めるにはどうするか……言葉を並べたって効果がありません。公募価格を大きく上回る初値がつくとか、上場後に派手に買い上げられる、といった〝事実〟が重要です。もし自分が幹事証券の責任者だったら、どのように考えるか――必然的に、派手にアドバルーンを上げる銘柄がチラホラほしいと思いますよね。一般的なマーケティングと同じで、何か仕掛けてドンと上がる銘柄があれば、その後の引受業務を助けることになります。

――業者が「どっちを向いて」仕事しているか、ってことですね?

まずは、上場する企業から依頼されている「成功」を実現しなければなりません。

極論を言えば、それを支える一般の投資家よりも、株の発行体である企業のほうが大切、優先順位が高いと説明することができます。

――そういった観点で、新規公開株の値動きを読むことも可能なのでしょうか？

まだ研究中で、先日も二者択一の状況において良くないほうを選んでしまったくらいなんですが、ちょっとした〝サイン〟が存在するケースはあると考えています。ただ、個々の企業の評価方法に、証券会社の都合だけでなく上場の日程が影響することだってあります。

――マーケットの状態によって異なる、という意味ですか？

それもありますが、マーケットにある資金のうち、新規公開株に向かう量には限界があります。だから、上場する銘柄が多ければ薄まってしまうのも当然ですよね。

出版社が新刊本を売り出すとき、「ハリー・ポッター」みたいな人気作と同じタイミングだったら、売れ行きは思うように伸びません。いわゆる〝売り方〟もあるはずです。同じ内容の本でも、力のある出版社が手がけて本腰を入れたら、売れ行きはケタちがいになるのでしょう。

単純な理屈が通用すると期待しがちな金融マーケットにも、偏りや不合理な面が多々あります。そして、それを察知して利益を上げるニッチ（すき間）が存在すると私は考えます。

4．何も勉強しない人が多い

――業者の都合があるとしても、ある意味、ベールに包まれた業界の〝闇〟だと思います。もう少しわかりやすいサインを見つける方法もありますよね？

そうですね。あまりにも〝オトナの事情〟によるものは難しいと思います。だからこそ魅力がある半面、研究がなかなか及ばないと感じます。

わかりやすいというと、例えば信用取引の規制に絡んだトレードチャンスですかね。著しく上昇してきた銘柄について、信用取引の保証金率を引き上げる規制があります。信用取引を利用した短期狙いの需要増を抑えるためのルールですね。通常は30％の保証金率を50％にして「うち20％は現金」といったものです。

この規制が解除されることで上昇するケースがあり、それがひとつの狙い目となり得ます。

――イベント投資の発想ですね。でも、一定の確率があれば、解除されそうになった時点で買われるのではないですか？

解除の条件は定められていて、取引所の裁量によるものではありませんから、ある程度の読みが通用します。だから、数日前に取り組むようでは遅くて、もっと先回りすることが求められますね。あと、規制解除で必ず上がるわけではありませんから、何がその差を生んでいるかが気になっています。時間の経過の中でさまざまな変化がありますから、基準を選定する作業がポイントになりそうです。

――新規公開株でも、何か説明のつく戦略がありますか?

あります。

裏にある〝オトナの事情〟ではなく、表にある構造的な部分に目をつけるのです。

株式の新規公開に絡む、「グリーンシューオプション」と呼ばれる制度があります。需給を安定させる目的で、引受証券会社による一種の安定操作を認める措置です。

例えば公募100万株に対して15万株の「オーバーアロットメント」を設定します。この15万株を上限にして、期待とは裏腹に下げてしまった場合に証券会社がマーケットから株を買って吸収してしまうのです。この際の買いを、「シンジケートカバー取引」といいます。

買付価格は事前に示されていますから、その買い余力があるうちは、シンジケートカバーの価格が〝最悪の場合に売れる値段〟となります。上昇を期待して買いポジションを持ちやすい、分の悪い勝負になりにくい状況が生まれるということです。物理的な下値抵抗線があるのです。

——それを使ったトレード事例はありますか?

つい先日の10月27日に、アイモバイル(6535)という銘柄がマザーズに上場しました。公募価格1320円に対して、シンジケートカバーの価格は1214円でした。人気が集まらずに弱含みだったのですが、上場初日を含めた3日間、11月1日までは1214円を割っていません。

私は1円上の1215円で買い、なかなか上がらない状況を見てあきらめ、シンジケートカバーの1214円で売ってしまいました。儲かった例ではなく損を抑えただけですし、特殊な観察や特別な知識ではないのですが、知らないと損をすることもあるという事例だと思います。

金融の仕組みは分野ごとに異なるので、幅広く知っている人は少ないでしょうが、自分が手がける対象について何も勉強しない個人投資家があまりにも多いと感じますね。

5. オトナの事情

——歴史ある一部上場企業が粉飾決算を行う例もあるくらいで、ゆがんだ〝オトナの事情〟はたくさんありそうですね。

ありますね。

例えば「自社株買い」は、公に認められている行為ですが、発行企業が自社の株を売り買いする以上、構造的に問題がゼロではない気がします。内情に最も詳しい「インサイダー」の立場なんですからね。

――名指しするのは難しいでしょうが、「あやしいなぁ……」と感じた事例を話してくれますか？

それなりの価格がつくことが確実視されている新規公開銘柄があり、その株を保有している別の上場企業が、事前にストックオプション※を設定して経営陣に付与したケースがあります。まともにインチキくさい状況でしょう？

もっと露骨な事例もあります。営業赤字で株価も極端に安い企業がストックオプションを設定して役員に付与し、間もなく業績が急回復して株価も大きく跳ね上がったとか。

企業内部だけのことなら、異議を唱えるのは税務署だけですが、公設市場に上場されている株式が絡むのですから、もし不透明な背景があるのなら問題ですよ。

※ストックオプション
役員や従業員が、あらかじめ決められた価格で自社株を買うことのできる権利。株価上昇によって利益が生じるため、業績へ貢献した際の報酬として利用されることも多い。

――私は、電電公社が民営化して、あらためて国民に株を買わせたことに違和感を覚え、いまだに納得できていません。

国家的な構造問題だと感じますよね。ＪＡＬの企業再生に際しては、１００％減資を行って既存株主の持ち分をゼロにしました。本当に正しかったのだろうかという疑問が生じます。

でも、正義感に燃えて社会的な問題を取り上げても、なかなか状況は変わりません。そのかわり、株式市場のゆがみを察知して行動すれば、一個人でも利益を得ることが可能です。

オトナの事情が絡むだけに難しい面もありますが、勉強することで重要な〝サイン〟を見つけることも可能ですし、何よりも、ちょっと勉強するだけで、あからさまなインチキに引っかからずにすむと思うんです。

――不正があるかどうかという観点は別として、マーケットの規模が大きくて参加者層が厚いという構造から、さまざまなゆがみがありますよね。そもそも、日々の株価変動なんて、すべてゆがみと表現したって極端ではありません。

たしかに、そうですね。株価の上げ下げを狙うトレードも、サヤ取りも、ゆがみの是正あるいは発生を期待する行為です。そのなかで私が積極的に行っているのが、オトナの事情によるゆがみを利用した取引なのでしょう。

――株価変動は、期間が短いほど説明がつきにくいのでしょうが、盛田さんは現在、説明可能なゆがみを見つける「イベント投資」の姿勢を大切にしていますよね。ポイントは何ですか？

単純に、勉強することです。知らないことがあると認識して調べる、それを楽しむこと、かもしれません。

――継続するには楽しむしかないと思いますが、常に新しいことを求める必要がありますね。

マーケットの制度や構造は変化していきますし、そこに生じるゆがみにも〝流行〟のようなものがあります。だから、勉強し続けるしかありません。

ちょっとした法則は株式市場に数多くありますが、生まれては消えるの繰り返しです。だからこそ、勉強すること、考えることが不可欠だと思うのです。

テクニカル分析にも、大まかな理屈が必要です。○○が背景にあるのだろう、といった一定の説明ですよね。それがないと、法則が消えた、あるいは薄れてきた場合に気づくことができません。時代に合わせて変化させたり、応用することも難しくなります。

必然的に、何の根拠もない無価値な情報に振り回されたり、オカルト的なアプローチを信じてしまったりするでしょう。

――イベント投資によって一定の利益を確保しようとした場合、どんなことが問題になりますか?

ポジションを取るチャンスの数が、ひとつのポイントです。勉強が足りずにチャンスの数が少ないと、あまり有利とはいえないものに資金を投じて時間を費やしたり、資金を遊ばせる期間が長くなったりします。

イベントが重なれば、限られた資金をどこに振り向けるかを決めなければなりませんし、資金が遊ぶ期間もゼロにはできません。たくさん勉強して手駒を増やせば、資金効率も精度も向上するというわけです。何カ月も対象イベントがない、イベントがあったと思ったら同じタイミングで複数の案件が同時……こういったことが、一定の運用益を求めるうえでのリスクです。

――イベント投資において、投じる資金の額については何を基準に決めますか?

どんなに調べたって、必ず当たり外れがあります。だから、敗戦処理のことを考えて金額を決めるのが基本です。

多くの個人投資家は、「儲かりそうなもの」に大金を投じますが、視点に問題があると感じます。損した場合の金額を考えて、リスクを取る度合いを決めなければなりません。

〝上がる可能性〟が大きいことを、ポジションサイズを膨らませる理由にしてはいけないと思うのです。思惑通りに事が運ぶことしか頭にないと、自分の都合だけでポジションを大きくしがちですが、私は、テクニカル分析の観点も含めて〝ダメだったとき〟のことを考えます。「サイアクでも、この価格帯で売り逃げられる」という計算ですね。

――どういったテクニカル分析を行いますか？

月足を使って、長い期間を見るのが基本です。株式の需給という、現実の問題は無視できません。月足で大きな流れを観察すると、いろいろなことが見えてきます。下値を這いつくばっていれば、「何か材料が出たときに大きく上がる」とか「下値不安が少ない」という認識が生まれます。また別のことで、やはり〝材料と株価変動〟の関係を考える視点ですが、悪材料が出ても下げ方がわずかで、月足でも横ばいの期間が続いていれば、「もう売りが出ない」「新たに買っている向きが多い」といった推測が成立します。

――そういった多面的な見方ができずに誤るケースがあります。

同感です。「儲かりそうなもの」に目がない個人投資家が、高いところを買えないという不思議な現象もあると思います。

株価の勢いに注目すれば、上昇してきた銘柄こそ、ヘタなファンダメンタル分析に頼らず「買い妙味あり」と読むこともできます。でも、つまらない〝安値覚え〟で手が出ない、そのくせ、見込み違いで塩漬けになった銘柄の買い増しヤラレナンピンには抵抗がない……これって、心理によるゆがみなのでしょうが、きちんと考えて正しく認識すべきですよね。

イベント投資において、表面化していない材料に目をつけた場合は、その材料が表面化した時点で試合終了です。「上がる材料」を見つけた、それが表面化したけど上がらない……この時点で売り逃げて次のチャンスを探すしかないのですが、終了したポジションに固執する人もいます。合理的な判断ができていないケースが多いと思うのです。

同じような観点で、表面化している材料が「どこまで価格に織り込まれているか」も重要です。単発的に見ても基準がありません。たくさんの事例を客観的に分析する必要がありますが、そういった合理的な思考は大きな助けとなります。

――観察が足りないのでしょうか？

それはあると思います。

チャートを手描きしてみろと言われても、試すことさえしない人が多いはずです。場帳もつけずに株価を見ていたら、自分の建て値と現在値を比較してプラスかマイナスかだけを気にしてしまいます。自分の都合だけで考えて行動を決めるようになってしまいます。

１００％客観的に見ることなんてムリですが、そこに近づくための工夫や努力は必要ですよね。

――観察の環境を整える、ということですよね。そういった努力のエネルギーにつながるものとして、オトナの事情がプンプンにおう事例を、もうひとつくらい紹介してもらえますか？

研究の一環として、保有期間が長くなることを承知で取り組んだケースがあります。上場廃止になる銘柄を買うことです。

上場廃止が決まって取引所の「整理ポスト」に入り、当然のように株価も大きく売られたのですが、その会社の現金資産や保有する特許の内容からすると明らかに安かったのです。

その会社の株を買って保有していたところ、上場廃止後のある時点で大きな配当をしたため、それが寄与してカンタンに投資コストを回収することができました。

ちょっとした社会問題に絡んで上場廃止が決まった事例ですが、実は特殊な〝オトナの事情〟があって、経営陣が上場廃止にしたかったのではないか……そんなふうに考えています。

平均的な個人投資家は、自分では全く調べずに「これを買えばいいの？」と、やはり特に調べずに選んだ業者に質問をぶつける。

こんなところに、金融の知識がない者でも投資情報を扱う詐欺師になることができる構造があり、腹立たしいくらい幼稚な犯罪を助長する一因になっているのではないか。

また、カネのことをタブー視する風潮によって、「カネとは何か」を考える機会を与えられていないのが日本人だと感じることもある。結果として、極めて古典的な手法の詐欺がいまだに横行し、知識のある人が「今どき、それはないだろう」と考え、逆に引っかかりそうになっているケースも少なくないのかもしれない。

詐欺はともかくとして、理屈を重視する金融マーケットならではのゆがみが、たくさんあるのは事実だ。

四季報をすべて読むだけでなく、日々のニュースや企業の適時開示情報にくまなく目を通す盛田氏のマネはできなくても、常に考えて勉強するエネルギーというものを意識すべきだと再認識した。単なる結果論においても、「なぜ実行できなかったのか」と考えるだけで、将来的な方向性を考える大きなヒントが得られるはずだ。

盛田氏は、私が持ち合わせていない知識と、想像していなかった視点を駆使して株式市場と向き合っている。両者を融合するのは容易なことではないが、自分が進む道を考えるうえで、選択肢が豊富になったと私は感じた。

読者も、たまには日々の売買から離れ、目の前の現象を理詰めで考えたり、自らの行動に理由をつけてみるなど、ふだんとは異なる観点を楽しむようにしてほしいと思う。

機能する〝材料張り〟で
利益を出す証券ディーラー

本間忠司

【証券ディーラー】

「経済を知れば株式市場の動きが読めます」

個人投資家とは全く異なるゲームをしていると感じるのが証券ディーラーだが、話を聞けば多くの共通点が見つかり、学ぶことも数多い。本間忠司氏（仮名）は、数十人ものディーラーを抱える証券会社で五本の指に入る成績優秀者であり、16年におよぶ現場経験の中、マイナスになった年はゼロ。収益力と安定性を、バランスよく兼ね備えたプレーヤーだ。

他人とは相場の話をしないのが信条だが、この「相場師インタビュー」の趣旨を説明したところ快く応じてくれた。儲かるときはカンタンに儲かる——そんな認識があるためか、大ざっぱな行動が目立つのが相場業界の特徴ともいえるが、彼は実に丁寧、かつ緻密な思考を展開するタイプだ。

インタビューは2016年12月16日、林投資研究所のオフィスに来てもらって実施した。

1. 嗅覚

――本間さんは証券ディーラーになって長いわけですが、初めてトレードをしたのは学生のころでしょうか？

はい、大学生の時にネット証券が台頭してきてからは積極的に売買しました。でも、初めて投資を経験したのは小学校5年生の時です。

――小学生で株ですか？　驚くほど早かったんですね。経緯を詳しく聞かせてください。

新聞の株価欄を見ていれば当然、値段に日々、動きがあることに気づきます。そこで、「カンタンにこづかいを稼げるかなぁ」という気持ちになったのがきっかけでした。

「1000株で2円上がると2000円、10円上がると1万円」と計算したら、子どもとしてはワクワクする金額が頭に浮かぶじゃないですか。もちろん、親も株をやっていたのですが、その親に頼んで取引口座を開設してもらったのです。

今のように100株単位の銘柄なんてなかった時代に、新日鐵（編者注：現・親日鐵住金）を500円台で買ったのが初めての売買です。

バブルがはじけ、株価が下がってきた時点での500円台でした。資金はすべて自分のおカネ、手堅くため込んでいたお年玉やこづかいを全部、株の購入資金に充てたんです。

――新日鐵を選んだ基準は、値段ですか?

資金的な制約もありましたが、野茂英雄投手が近鉄に入団する前に所属していた会社として、子どもながらに名前を知っていたからです。

でも、下げ相場の途中で買った結果、次に阪神電鉄を買いたいと思った時、残念ながら300円台で売って換金することになりました。

阪神を買った理由は、阪神ファンだったからです(笑)。

――そのころは長期保有の路線だったのでしょうが、通算の成績はどうだったのですか?

良くもなく悪くもなく、まあ、儲かったり損したりという結果でしたが、その当時の経験が現在の私の一部となっています。

株価を気にするので、自然と新聞の経済記事を読むようになり、それが多くのことを考えるきっかけとなったのです。そういった経験が、現在のディーラー職の土台になっていると感じます。

――というと？

ニュースと株価の動きが理屈通りに一致するわけではありませんが、ニュースが出た直後の動きは密接に関係していることが多々あります。企業活動なり経済環境なりに変化があれば、その変化によって得する会社と損する会社、潤う業界と苦しくなる業界といった連想があり、必ず何かしらのかたちで株価に影響を与えます。

そういった関係を、高校生の時には自分の頭の中に構築できていたと思うのです。

――大学を卒業して証券会社に入ったのは、何年ですか？

２００１年です。ＩＴバブルがはじけたあとですね。

――その直前、大学の終わりごろも、当初と同じやり方でしたか？

いえ、ネット証券が台頭してきた時代なので、安い手数料に目をつけて短期売買をやりました。ＩＴバブルの最中だけでなく、ＩＴバブルがはじけたあとにも中段の荒い動きがあったんです。１日に数百円動くことなんてザラでした。毎日のように、取れる動きがあったわけです。

それを狙って短期売買を繰り返したところ、けっこう稼げたんですよ。

――トレンドは、どうやって判定していたのですか？

「トレンドの判定」という発想はもっていませんでした。上げ下げを狙うのですから、それはトレンドを狙う行為に間違いありませんが、株価の動きをジッと観察して、ある瞬間に乗るという感じ、そうですねぇ……その日のレンジを想定して、動きについていく感覚でしょうか。そんな説明が近いと思います。

――そういった経験をしながら、「証券会社に入りたい」と考えていたのでしょうか？

逆に、入りたくないと思っていました。

証券会社に入ったら、自分の売買を自由にできないじゃないですか。でも結果的には、証券会社に入社してしまい、最初は個人営業の部署で働きました。

――営業成績はどうでしたか？

良いほうでした。投資信託などの、いわゆる〝募集もの〟が中心だったので、株の知識が役に立った結果ではなかったのですが。

――ご自身の売買は？

短期の投機的売買を抑制するために、3カ月以内に売ってはいけないというルールはありましたが、それ以外に厳しい制約はなかったので、地味な現物投資を続けていました。

——ディーラーになったのは、いつですか?

社会人2年目で別の証券会社に移り、そこで契約ディーラーになりました。固定給はありましたが、数カ月単位で成績を厳しくチェックされる立場だったので、現在と変わらない緊張感の中でのデビューでしたね。

佐久間氏は、証券ディーラーとして何度か移籍を繰り返し、現在の会社には約7年間在籍しているという。時代の流れとともに、証券会社のディーリング部門が激減したため、やむを得ず次の働き場所を探したこともあったが、基本的には、より良い条件が示されれば、いつでも移籍することをいとわないという、シンプルかつ合理的な考え方に基づいているとのことだ。

そんな合理主義の中で、純粋な嗅覚、株価変動をつかむ感覚が培われたのかもしれない。

彼よりも十数年入社が早い私の時代でも、証券業界には「数字が人格」といわれるほど実績だけを重んじる風潮はあった。

実際、成績優秀な営業マンなら、ケンカして上司を殴ってもおとがめなし。一方で、義理人情や人間関係は意外と重視されていたと思う。

そんな時代と比べて佐久間氏の姿勢は、ストレートに合理的だ。彼は、「雇う側も働く側も淡々と『数字』を見ている」と語った。

証券ディーラーというシビアな世界の特殊性を差し引いたとしても、業界全体が変化している、ひいては株式市場での事象にも少なからず変化がある、売買のあり方も変わることが求められている、と考えるべきなのかもしれない。

値動きは値動き、市場の構造が変わらない限り、「人気」という要素を大きく含んで上がったり下がったりする現実は同じだ。だが、相場の張り方については、古い殻を脱ぎ捨てる選択肢を、常に用意しておく必要があるのではないか、変化に対して自分は自然に対応できているのかと考えさせられた。

2. 変化への対応力

——証券ディーラーとしてデビューした会社で経験した、新人教育について話してもらえますか？

その会社は「自社で人を育てる」という考え方がしっかりしていたので、売買のイロハをきちんと教えてくれました。最初は、金額で制約を設けられるどころか、1単位、2単位の売買しかやらせてもらえず、小さいポジションで仕掛けと手仕舞いを繰り返すという、基礎の基礎をひたすら練習させられました。

損益状況や売買の内容が良ければ、徐々に売買単位を大きくしてくれるのです。おおむねは上司の裁量で、本当に少しずつですが、月が替わるたびに売買数量を増やしてもらいました。

――翌日に持ち越す〝オーバーナイト〟については？

それも、段階的にゆるくなっていく仕組みです。最初は、その日のうちに手仕舞うのがルールで、状況を見て上司からオーバーナイトの許可をもらうというように、徐々に緩和されていくわけです。

――最初に覚えたやり方が基礎になるといいますが、本間さんの場合はどうでしょうか？

もちろん、最初の教えが基礎になっています。でも、ディーラーとして超短期の売買を頻繁に行う以上、市場の変化や流行に合わせてどんどん変身していく必要があります。

それを調整と呼ぶのか、古いものを捨てる行為と呼ぶのかは難しいところですが、私は、以前のやり方に固執することなく、どんどん変わっていく柔軟な姿勢、必要な対応だと考えています。

――ディーリングの制約も変化しますよね？

そうですね。例えば「アップティックルール」のように、直近の安値を下回る価格でカラ売りを仕掛けてもいいとか、いけないとか、そういった細かいルールが次々と変わります。でも、大切なのは根本的なやり方です。とにかく、「今勝てる方法」が正しいやり方なのです。

過去の成功事例に縛られて利益を出せなくなってしまう……これが、最も避けたいミスですね。

――手がける銘柄を入れ替えていくことも抵抗がないわけですね？

継続して見ている銘柄はありますが、取れているから続けるだけで、次々と新しい銘柄を手がけることに抵抗はありません。やり方も変えていく、銘柄も替える、ディーラーとして数字を求めるのなら、それが当然だと思っています。

――昔は、得意な銘柄を3つとか5つ、それだけをやっている古参ディーラーがいましたけどね……。

そういう人たちは、かなり以前に淘汰されたはずです。

例えば、低位の大型株を対象に「100万株で1円幅を取る」やり方なんて、今では通用しないわけです。1000株単位だった銘柄が100株単位になっただけでも、超短期の上げ下げを取るうえでは〝別の銘柄〟と認識できるくらいの差が生まれます。

3. 適正な肌感覚

――やり方を変化させていくと聞くと、ものすごく器用な姿勢が必要だと感じます。すると、常に複数のやり方をもっているということでしょうか？

はい、いくつものやり方を同時に使っています。それが、ディーラーとして成績を安定させる、「月」単位で結果を残すための方法だと考えているからです。

デイトレードでは動きのよい銘柄を対象にしますが、そういった、いわゆる〝ハイリスク・ハイリターン〟だけでなく、動きの鈍い銘柄をじっくりと保有するやり方も同時に行ってます。あまり意識して分けてはいないのですが、自然とバランスを取っているように思います。

野球のピッチャーならば、ストレートの速球を武器にするだけでなく、速球に強いバッターは変化球で討ち取るというように、その場その場での対応です。そして、それぞれのやり方をベースに少しずつ変化させていく一方で、全く新しいやり方を模索していますね。

こういうふうに質問されたり、ディーラー仲間と相場を語ることがないので、言葉を探しながらの答えになってしまいますが……。

――ディーラーとして生き残る方法、ということですか？

人によって考え方も対応も異なりますが、私の場合は「毎月勝つ」ことを意識しています。もちろん、単なるプラスマイナスだけでなく、勝つ金額が重要です。しかし、個々のトレードについて勝率を気にするわけでもありません。

2勝8敗でもトータルがプラスならば正しいやり方です。ただし、それを継続できれば、という条件付きですけどね。

実際、16年間のディーラー経験で、年間の成績がマイナスになったことはありません。

若い人が次々と入ってくるのに残る人は少なく、どんどん消えていってしまう証券ディーラーの世界で、私のやり方は決して間違っていないと信じています。

――そういった緊張の中では、「日々の損益」という数字が生々しすぎませんか？

日々、というかリアルタイムで損益がわかります。しかも歩合給ですから、常に自分の取り分を計算できるんですよね。とはいっても、いちいち札束を想像してはいられませんから、「参考値」程度に捉えています。

――新人ディーラーの時は、どうでしたか？

そのころは、歩合給をもらえる契約ではなかったので、純粋に売買の内容だけを考えられる環境でした。

ものごとには段階があります。そうやって純粋な気持ちで経験し、からだで覚える時期が必要なのではないでしょうか。

――東証一部、二部、マザーズといった区別は意識しますか？

全くしませんね。値動きそのものと流動性といった、純粋な〝状況〟だけを見ます。ポジションを持つ期間、デイトレードならば「時間」ですが、それも固定的に考えたりしません。

日計りの売買でいえば、動き出した銘柄に乗って1秒か2秒で売ってしまうこともあれば、「まだ続く」「まだ続く」と大引まで引っ張ることもあります。

2番手か3番手で乗れば、そのあとにも乗ってくる参加者が大勢います。15番手くらいが天井つかみとして、12番手か13番手が買ってきたタイミングで売れば、見事な勝ち逃げですよね。

そういったことを、感覚でつかんで行動していると思います。

――金額くらいは計算していますよね？

それも、たぶんしていません。

いや、どこかでしているのかもしれませんが、「この銘柄に、これくらいの数量ならばサイアクのときも逃げられる」といったことを、からだで判断して動いているようです。

ただ、売りなら売り、買いなら買いに大きく傾けることだけはしません。現在の私は、現物株で20億円、デリバティブで7億円が会社から与えられた〝枠〟なのですが、例えば現物株の買いだけで18億円、19億円のポジションを持てるかというと、ムリですよね。

言うならば、「どっちにいっても大丈夫」なポジションの取り方しかしていない、というところでしょうか。

――クビになるか大きな報酬を得るか、といった発想で、それこそ〝張る〟人もいますよね？

私は自分のことを、精神的に弱いと認識しています。だからマネできませんが、大きく傾けて目いっぱい張る人もいます。

ただ、相場のことですから……ちょっとしたことでガバッとへこむ可能性が常にあります。怖がらずに大きく張るタイプの人は、どこかで消えてしまう、そんな気がします。他人のことをあまり気にしないので、よくわかりませんが……。

外部の情報に頼ることなく、自分のやり方をまっすぐに見つめる姿勢があると、話を聞きながら強く感じた。同僚との相場談義を避けるのも、自分自身を客観的に考えるための習慣なのだろう。とはいえ、バランス悪く内向しているわけではない。バカ話ができる友だちと飲みに行く機会も大切にしているし、〝ポジショントーク〟を嫌うだけで、ディーラー仲間と飲む機会も少なくないという。私の依頼も、快く引き受けてインタビューに応じてくれた。

ほかにも、恩師である大学教授の手伝いで、「投資家アンケート」の活動をしている。大学教授が、いろいろな投資家を対象に継続している、実際の株価変動に焦点を当てた興味深い調査である。手伝っている理由について「世話になった恩返しです」と言うが、彼自身も毎回、アンケートに答えているそうだ。売買を理屈で考えることはないが、アンケートに答える時間が「自分を別の目で見る好機」とのことだ。

飲みに行くのも基本的には週に2回と決めているようで、「計算しない」などと言いながらも丁寧に生きている印象がある。丁寧に、正しい手順を踏んで経験を積み上げたことが、肌感覚で適正な路線を進む結果になっているのだろう。

平均的な個人投資家は、雑な感じ、乱暴な印象が拭えない。彼のような人と話すと私も、自分にも雑な点があると反省させられる。

4. ゼロ番手で動きに乗る材料張り

――自分自身の強みと弱点を、どう考えていますか？

弱点は、キャパシティ（容量）がないことですかね。勝ちパターンについて、「数量を2倍にすれば利益も2倍」なんて計算は通用しません。でも、もう少し突っ込んでいけたら……と思うことはあります。

その分、安定性に自信がありますし、単に安定しているだけでなく、金額的にも悪くない線をいっていると自負しています。

――それを支えているのは、やはり複数のやり方をもっている部分なのでしょうか？

そう思っています。

毎日、毎週、毎月、値動きは異なります。便宜的に「月」で考えると、1年に12通りの相場があり、次の年は全く異なる12のパターンが現れるということです。だから、ひとつのやり方だけで臨むと、取れない時期が長くなってしまうのです。

個人投資家が月単位、あるいは年単位であっても「必ずプラスにする」ことを目指すと苦しいのでしょう。どこかでムリして、アッサリとつぶれてしまうかもしれません。

でも、専業で〝場〟に張りついている以上は、何か工夫して安定的に取らなければならないと、私は考えています。

いわゆる「買い屋」「売り屋」といった売買スタイルをもつディーラーもいますし、デリバティブばかりという人もいますが、私の場合は、3つ、4つ、5つと複数の戦略を抱えて機動的に値動きに対応するのが自分のスタイルなのです。

――10代のころから培った知識も、その一部なのでしょうか？

もちろんです。目の前に情報端末があって、最新のニュースが次々と流れてきますよね。それを基に株式市場の反応を考えます。

――先ほど話に出た、ニュースからの連想ですね。何か例を示してもらえますか？

例えば、ある会社について、「M&Aに関して3時から記者会見」というニュースが流れたとします。

ふつうは「何だろう？」だけですが、知識が豊富ならば、「子会社の製薬会社が対象で、それを買うのが○○社かもしれない」といった推理を働かせることが可能です。

個別銘柄に動きがあって「なぜ？」と考え、情報を聞いて「なるほど」というのが一般的な反応ですが、私の場合は大元のニュースから瞬時に動きを考えることができるのです。

それがすべて当たるということではありませんが、多くの人が、ストップ高した状況を見て説明を聞き、「へぇ〜」と言っているとき、すでに乗っかっている確率が高い、少なくとも、その選択肢に手が届いているということです。

材料やニュースは瞬時に株価に織り込まれるといわれますが、その瞬時にポジションを取れば、1番手になる、ゼロ番手になることも可能なんです。私が、実際にやっていますから。

TOB（株式公開買付）のニュースでも、条件が発表されるまでは、上がる材料か下がる材料かを判断するのが難しいと思いますが、その会社の企業価値を測る基準や、過去の実績といった情報が頭の中にあれば、推測を基にポジションを取りにいくことができますよね。

それに、A社のニュースでA社の株を売る、または買うだけでなく、関連性が生まれるであろうB社の株、C社の株と選択肢があれば、より有利なところでポジションを取ることもできます。

――最初にディーラー教育を受けた時からの路線ですか？

いいえ、最初に教わったのは、純粋な売り買いの技術だけです。でも、高校生のときに出来上がった知識が土台となって、その応用とディーラー職の経験が重なっているような感じです。

今でも毎日、勉強を続けています。いつも個別銘柄の板しか見ていないディーラーもいますが、私の場合は、株式市場そのものよりも周囲の情報を見る時間が圧倒的に長いですね。

――突発的な出来事にも対応できますか？

例えば東日本大震災の時も、単に「復興関連」といった連想だけでなく、事業所や工場の場所、活動する地域といった個別企業の状況から、ある程度ですが、注目されそうな企業、市場で売りを浴びるであろう企業を思い浮かべることができました。

――知識を武器にして「ニュースから入る」ということですね。

私よりも知識が豊富な人は、いくらでもいます。ただ、一定レベルの知識に加えて、目の前の端末でニュースを見て、すぐに行動することができるので、２つの要素のかけ算によって、けっこう優位に立っているのだと認識しています。

――そういった機敏な対応をする、なおかつ複数のやり方を同時進行させるとなると、手がける銘柄数も多いでしょう。例えば、1日に手がける最大の数は、どれくらいですか？

数カ月、半年といった期間で売りまたは買いポジションを持つ銘柄をすべて足したら、そうですねえ、300銘柄か400銘柄になるでしょうか。

職業としてデイトレードを行うのですから、驚くほどの数字ではないと思います。


――意外な話を聞かせてもらうことになりました。感謝します。最後に、本書の読者にメッセージをもらえますか？　おすすめの情報誌とか心構えなど、何でもけっこうです。


おすすめの情報誌は、「日経ヴェリタス」ですかねぇ。ほかの情報誌よりも、タイミングが早いと感じます。私がやっていることを、のぞき見ることができると思います。

あとは、デイトレードに近づかないことですかね。多くの人が気軽にデイトレに挑戦しますが、まずムリです。

例えば、成績の良い職業ディーラーならば個人投資家に移行しても、不利になった環境下、経験や技術で利益を出すことができるのですが、成績がいまひとつで仕方がなく個人投資家になった人は利益を出せません。

逆にいうと、証券会社からスカウトされるくらいの腕前がないと、デイトレードのガチンコ勝負では絶対に勝てないと私は思います。

テクニカル分析の三原則に、「現在の価格は、すべてのニュースや材料を織り込んでいる」という一項目がある。私も、原則としては、その通りだと考えている。

だが現実には、ジワジワと織り込んでいくケースもあるし、少なくとも「0秒」で織り込まれるわけではない。そこに、本間氏の勝機があるということだ。

一般的には「材料張り」といって、最もダメな投資家の発想と否定されるわけだが、それは、材料の織り込み度合いを考えていないことに加え、そもそも行動が相当に遅いから、情報屋を潤わせながら自分が迷走するのが必然ということである。

これに対して、本間氏が知識を駆使して行う売買は、まっ先に売り買いすることで、むしろ情報の発信元のような立ち位置を確立しているともいえる。どんな発想でも、一定のラインまで極めれば機能することを見事に証明しているわけだ。

証券ディーラーにも、こんな人がいるのだと、目からうろこが落ちる思いであった。

巻末対談（田代 岳・坂本慎太郎・林 知之）

あなたは、どれだけ儲けたいの？
【イタヨミ流】勝ち続ける投資家の資質

本編にも登場する田代岳（YEN蔵）、坂本慎太郎（Bコミ）の両氏は、理想の投資家教育を進めたい一心で「イタヨミ」という会社を設立して新事業に取り組み、これまで以上に個人投資家とふれ合う機会が増している。

彼らとともに、〝トレードで勝つために必要な要素〟を考えながら議論を展開した。

2017年9月25日、林投資研究所のオフィスで談義して、大いに盛り上がった。

本書の総括として、ぜひ目を通してほしい。

1．脱イナゴ！

林　今回のインタビュー集にも、ユニークかつ魅力的な人たちが登場します。ＹＥＮ蔵さんと坂本さんのインタビューもありますが、総括すると、どんな意見がありますか？

坂本　特にツッコミどころは見つかりませんよね……それぞれ、自らが信じることを守っている、それで結果を出しているよ、ってことですから。

林　それで終わると、単行本に真っ白いページができちゃうんです（笑）。

田代　勝率についての考え方が、人によって異なります。そのあたりから見えてくるものがありますね。勝率が５割でいいという人は、メリハリをつける技術をもっているってことです。

林　そういった分析をもとに、このインタビュー集の〝読み方〟みたいなものを提唱したい、一般の投資家に向けた熱いメッセージを紡ぎたいんですよ。

坂本　「トレードに対する姿勢」ですかね。一般的な投資家の多くは、ゴール（目標）をもっていないんです。そこが、最大の問題だと思いますよ。

林　「こういう投資家になりたい」という、未来の〝映像〟ですね。

坂本　林さんは、そういった内面的なものに目を向けますよね。まあ、目指す姿をちゃんと想像できれば、そこに具体的な金額がひも付けられると思いますが、わかりやすく最初から〝○○円ほしい〟でいいと思うんですよね。「資産を1億円にしたい」とか「毎年1割の利益を上げる」とか。もちろん、その金額的なゴールが、目指す投資家像と一致している必要がありますが。

林　なんとなく株式投資を始めちゃう人が多いわけですね？

坂本　僕は、「まずはゴール設定ありき」と考えるので、スクールの受講生に積極的に質問します。すると、本人は明確なゴールをもっているつもりでも、8割か9割の人が「稼げるだけ稼ぎたい」なんてボヤけた言葉を発します。

そんな、あいまいな言葉を言い放ってドヤ顔されても、話が進まないんですよね。

林　「いくら儲けたいんですか？」と聞き返すんですね？

坂本　その通りです。でも、期待するような反応は、なかなか得られません。だからといってサジを投げるわけではなく、相手の心にあるものを引き出す手助けをするのが僕の役目です。

林　ほかにも、扱いにくい答えってありますか？

坂本　「BNFさん※のようになりたい」ってパターンですかね。特定の人を持ち出して「なりたい」って……同じ人物にはなれませんから。

※BNF
160万円の元手を8年で200億円にしたといわれる、天才的な株トレーダー。2005年の12月に起きた「ジェイコム株誤発注事件」では、みずほ証券の誤入力に気づいて素早く行動した結果、わずか16分間で約20億円を稼ぎ、「ジェイコム男」として名前が知られた。

林　単なる〝あこがれ〟ですよね。ただ、「あこがれの○○さんの、こんな部分をマネしたい」というのがあれば、オリジナルのゴールに大きく近づきます。

坂本　それを聞いても、口ごもるだけの人が多くて……「ネット上に情報が出ていないじゃないですかぁ」なんて、コドモと話しているみたいです。

あるいは、「BNF氏は株価を記憶する能力が高い。それがポイントです！」と胸を張って言うから、その人の直近の売買について尋ねると何も覚えていない……〝あこがれ〟の方角に向いてさえいないって、責めたい気分になっちゃいます（笑）。

ただ、中級者以上になるとちがいます。それなりの経験があるので、「年間5％稼ぎたい」とか「毎年10％の利益を上げられるようになりたい」と明瞭に答える人はいます。

専業トレーダーになりたいという人は、さらに深く考えています。だから、「年間でいくらの利益を求めますか？」と聞き、金額が500万円ならば「月に約40万円です。では、それを達成するためには……」と具体的な行動に落とし込んでいくことができます。

林　インターネットのせいか、トレードを始める動機も、始めてからの行動も、どこか短絡的、刹那的な傾向があると感じます。

坂本　初心者も中級者も、そんな傾向に流された状態なんです。流されたままにせず改善するためのキーワードは、「脱イナゴ」です。

坂本　最近は、個別株が極めて短期間で物色されて終わってしまう動きが多いじゃないですか。誰かが仕掛けるケースもあるのでしょうが、結局はワッと集まってきた投資家が主体となって株価を押し上げる、あるいは、超目先を狙った投資家の群れが株価を動意づかせることで値動きがスタートするなど、とにかく、ふつうの個人投資家がイナゴの大群のように個別銘柄に群がって株価がスピーディーに上昇する、でも、すぐに終わってしまう、ってやつです。

仕手集団とか、大量の因果玉をほぐすために相場を仕掛ける「解体屋」などが昭和の遺物と化し、ネット取引によって生まれた個人投資家の短期筋が活躍しているんですね。

「うまそうだなぁ」と目をつけて群がるのですが、短期間で食い散らかすと、「次はなんだ?」って飛び去っていくわけです。

林　だけど、個人投資家の全体像ではありませんよね?

坂本　いや、中長期の投資家にも〝イナゴ〟がいるんです。

僕は最近、「決算書イナゴ」と呼んでいるのですが……「オレは決算書を見てるよ」なんて言いながら、決算短信の最終利益と、目先の進捗率しか見ていない人が多いんですね。

でも、そんなふうに表面的に〝見栄えがいい〟だけでも、次々と買いが入ることで機能したりするんですよ。中小型株に限定した話ですし、いつまで続くかは不明ですけどね。

林　中小型株が対象のファンドは、そういった状況を計算しながら行動しているんですかね？

坂本　ファンドも単なるイナゴ、ってケースが多いんじゃないですか？　エラそうな理屈を並べているだけで（笑）。

田代　情報の伝達速度が上がったことが、イナゴの集団を産んだわけですよ。20年くらい前ならば、日銀の会合とかＦＯＭＣ（米国、連邦公開市場委員会）の決定事項は、まず専門の情報端末を持っている人が消化して、次の日から一般の投資家が消化する、といった時間差がありましたが、今はツイッターなどに要約情報が流れるまでわずか数分です。

落ち着いてマーケットを見ている機関投資家は、快く思っていないかもしれません。じっくり仕込もうとしているのに、大きなノイズが発生しちゃうわけですから。

坂本　そういった機関投資家とは銘柄がカブらないのでは？

田代　でも、複雑になったわけでしょ。東証一部とか二部、あるいは、大型株と小型株、セクター

（業種・業態）といった区分とは関係なく、イナゴ投資家が活躍する土壌、いわゆる〝市場〟が出来上がったということだから。

林　機関投資家も多種多様ですから、同じように個別株のアクティブ運用であっても、イナゴがつくるノイズを「うっとうしい」と思う向き、利用しようと企む向き、同レベルでイナゴをやってる向きに分けられるのかもしれませんね。

坂本　そうですね。まとめると、マーケット全体の様子に変化が生まれたってことですかね。

林　「脱イナゴ」を提唱する理由は、その場の流行といった不安定な要素を気にしたり、マーケットの構造や潮流の変化を理解せずに行動するのがキケン、ってことですよね？

田代　アルゴリズム取引※の精度もさらに向上していくでしょうし、自ら学習するＡＩ（人工知能）によるトレードも実用性を高めていくはずです。そういったことまで、少なくとも知識として蓄えておかないと、不要な失敗を招くことになると思うんです。

※アルゴリズム取引
コンピュータプログラムによる自動売買で、主には業者による複雑かつ大がかりなものを指す。

「イナゴ投資」に迎合しなくても、値動きを真剣に観察するうちに引っぱられている可能性はある。実践家としては、認識と行動がズレることを避けたい。

また、知らないことが多いと、「なぜだろう？」と不思議がっている間に損をしたり利益のチャンスを逃してしまうことになる。身を守るための基礎的な知識を重視するべきだろう。

時代が移り変わる中、「常に新しいことを学ぶ姿勢」が大切なのだと思う。（林）

2. ブレーキの踏み方を考えよう

林　このインタビューは、本の〝まとめ〟的な位置づけで、「勝ち続ける投資家の資質」がテーマです。まずは、ゴール設定が重要、一定の知識も欠かせない、この2つが挙がりました。

坂本　ちょっと、いいでしょうか？　本間さんが個人投資家に向けたメッセージ、「デイトレードに近づくな」には、一考の余地があると思います。

林　私も、個人投資家はデイトレードを考えないほうがいいと思います。制約が多い環境で、ガチンコの取り合いをするのは厳しいというのが理由です。

坂本　おっしゃる通り、「狭き門」と表現すべきかもしれないのですが、ひとつの〝可能性〟を見出すジャンルともいえます。相場全体が膠着《こうちゃく》状態でも、デイトレードには活路があります。数多くトレードして損益の幅が小さく、かつ等しくても、平均で50％を少し上回るなら、トレンドがない状態で利益を積み上げられるじゃないですか。

あくまでも理論的にということですが、可能性を認識しておくのが適切ではないかと。

田代　田畑昇人くんが、ＦＸのデイトレードで、「時間帯によって戦略を使い分ける」と説明しています。これって、そのまま株に当てはめることができますよね。ザラ場のアノマリー、正確には「時間帯による特性」というものがあります。だから、単純に「ガチンコの取り合い」と決めてしまわず、個人にも勝機があるトレードだと柔軟に考えるのもアリだと思うんですよね。

それから、デイトレードの強み、という発想もありますよ。

為替は、売りも買いもないわけですが、株の場合は売りと買いの差が歴然とある。実際、多くの人が「上がりそうなものを買う」という入り方をします。「買いから入る」だけの行動に限定したとき、下げ相場では勝つのが難しいじゃないですか。でもデイトレードならば、下げ相場ならば売りが有利とはいっても、買いから入って勝てる可能性が高くなります。

上げトレンドか下げトレンドかというマーケットの方向性に頼らない、ひとつの時間軸の取り方がデイトレードにある。そんな視点もあるんじゃないですか？

林　たしかにそうですね。デイトレードで溺れてしまうケースが多いので、「やめたほうがいい」と言っているのですが、お二人が言う〝可能性〟は認識しておくべきですね。

坂本　僕だって、「みんな、ガンガン挑戦しましょう！」とは言いません。僕が考えるプロトレーダー像は、次のようなものです。

「それほど稼ぐ必要はない。生活費プラスちょこっとの利益を上げればいい……こんなふうに考え、自分が納得しているストラテジー（戦略）で動きを当てにいく」

こんなノリのトレードを楽しみながら実行するのが、本当のプロではないかと考えているのです。でも、逆の発想もあります。

専業トレーダーは、好きなだけトレードをやる立場、勝ちを求め、資産のゼロを1つ増やそうとガンガンやるものでしょ、という意見だって、真っ向から否定できるものではありませんよね？

林　ただ、ムチャをしてドボンしたら続けられません。

田代　そういう極端な負け方については、最初に「ポジションの取り方が悪い」と考えるのが正しいと思います。

坂本　そうですね。上手な人は、ポジションを取り続けても勝ちます。一定のリスクを取らないと勝ちも望めませんが、ヤバいと感じたときに手を引く技量がそなわっているかどうかですよ。

田代　リスクの取り方、というのも重要でしょう。リスクを取ることがダメなわけではなく、ヘンなリスクを取ってはいけないということです。

例えば、低位株の優位性って、下値不安が少ないことですよね。安値で這いつくばっている、動くとしたら上方向だ、というのが低位株を手がける論理です。そのうえ、下値に一定の買いが入っていれば、たとえ読み違えでも損を抑えて投げることができます。

ところが、株価が動意づいたあと、上下にブンブンと荒い動きになってしまったら、大きなポジションは取りにくいわけです。「短期間でボロ儲け」という、人間ならではの期待とは裏腹にね。

林　〝リスクとは何か〟という、認識の問題がありますね。例えば、「小幅利食いが手堅い」と考えてしまうと、常に利益の幅が限定されてしまい、避けようのない損失をカバーするだけの利益が生まれなくなる……これって、〝相場あるある〟でしょ？

田代　僕は、トレードを車の運転にたとえます。アクセルとブレーキの使い方って観点ですね。

林　それは初めて聞きますね。

田代　初めて話してますから（笑）。

アクセルを踏む場面、例えば追い越しをかけるときは、しっかりとスピードを上げるためにアクセルを踏む必要があります。

でも、急なブレーキをかける場面なんて、ないほうがいい。半面、素早くブレーキを踏むべき場面もあります。

林　なるほど。ポジションを仕掛けるのがアクセル、手仕舞うのがブレーキですね。いや、わざわざ言うことでもありませんが、適正なメリハリをつけて、リスクを取るべき場面では取る、取ってはいけない場面では手を出さない、といった対応ですね。

田代　そのあたりの見極めですよね。それが、トレードの技量です。

ラクすることしか考えない人は、すぐに銘柄を聞きたがります。「どれを買えばいいの？」と。まあ、銘柄選びでもいいんですが、どれだけの数量を、どのように突っ込むかという部分、「どのように買うか」が抜け落ちているんです。結果的にラクはできない……。やはり、技術が必要です。

技術の第一歩は俗にいう「損切り」、もう少し適正な表現をすれば「逃げるべき局面で逃げられること」です。

ブレーキが使えるから、ポジションを一定の規模に膨らませることができる――これは、プロの要件として挙げられますが、トレードを行う必須の技量だと思いますね。

坂本　ただ、この本を読む人が一定の技量をもっているとは限りません。だからこそ、さっき言った〝ゴール設定〟ですよ。

林　だからこそゴール設定。そのこころは？

坂本　少ない資金を、わりと短い期間で大きく膨らませる、俗にいう「成り上がる」のがゴールならば、リスクを取ってデイトレードをやるしかありません。「稼げるだけ稼ぎたい」では、絵に描いたようにドボンしてしまうでしょうが、明確なゴールがあれば、デイトレードの優位性を見つけると同時に危険性を認識し、勝つための道を探っていけるのではないでしょうか。
でも、トレードの世界はドボンしても再起できるんですよ。ほかの仕事でカネを貯めて、再度やればいい。もちろん、それだけ時間をムダにするので、極端に減らさない技術、資金をゼロに近づけない技術が望ましいし、定年後に退職金で相場張ってドボンしたら悲惨ですけどね……。

田代　そんな状況で相場張ったらダメでしょ！　もっと安全な投資対象を考えないと。というか、一般常識として、退職金をドンッと突っ込んだりしますかねぇ。金融の知識とか、トレードの技術といった話じゃありませんよ。銀行や証券会社が損をさせるはずがないって、信じていたりするのかもしれませんね。

林　控えめなゴールならば、大切なカネを株に突っ込む必要なんてありませんからね。

坂本　ただ「負けたくない」のなら、安全な金融商品を探せばいいわけです。「太陽光発電のファンドってどうだろう？」とか、利回り商品を自分で調べていく道が浮かび上がりますよね。

あるいは、株を買うにしても、両建てで値下がりのリスクを消したうえで株主優待を受け取り、それをネットオークションで売れば、ごく控えめなゴールは達成できちゃう。

林　相場の本を読む前に、ゴール設定が必要なのかもしれませんね。

坂本　ゴールそのものに迷っているから本を読む、そんなケースが多いのかもしれません。どれだけ突っ込んだ質問をされても自分のゴールを語ることができる——そこまでの自信がないのなら、小手先の予測法を探すよりも、ゴール設定に絞って本を読むといいのではないでしょうか。

先ほどもコメントしたように、この本に登場する実践家たちは、それぞれ正しいことを言っています。ツッコミどころがありません。あっ、僕とYEN蔵さんも含めてですけどね（笑）。

とにかく、いろいろなタイプの人が筋の通ったことを言っているのですから、自分自身の好き嫌いとか、合う合わないといった個人的な基準で評価しながら、自分が目指す投資家像、自分だけのゴール設定をとことん考えるべきです。自分のゴールに近い人を見つける、取り入れるべき要素を見つけるってことだと思います。

3. 転び方の練習だよ

林　先ほど、「短絡的・刹那的なのはよくない」と言いました。でも、ムダなく効率よく結果を出すのが資本主義の命題で、トレードこそ効率を求めるシゴトですよね？

坂本　この議論のテーマは、「勝ち続ける投資家の資質」ですよね。ひとつ面白い分析があります。今までの人生経験、例えば大学卒で30歳ならば、小学校から大学まで16年間、社会に出てから約8年間、学校の勉強、遊び、クラブ活動など何でもいいのですが、上位2割に位置した実績が多い人は、トレードでも勝っているんです。

林　あっ、それわかります。でも、どんな言葉で表現するのですか？

坂本　〝要領のよさ〟です！　チャート分析において「歴史は繰り返す」というじゃないですか。全く同じ値動きはなくても、一定のパターンというものがあります。だから、勉強して過去の値動きを頭に入れておけば、それだけ勝つ確率が高くなるんです。トレードは「ちがいを見つける」ものだと考えていますから。

僕は、トレードって年を取った人が勝つゲームだと思うんです。若い人は、経験者に負けない勉強と要領のよさで〝アンテナが立っている〟状態をつくればいいのです。要領がいい人は、自分にとって有効なゴール設定をするし、理論を知らなくてもPDCA※をまわしているはずです。

※PDCA
事業活動などを円滑に進める、ひとつの手法。Plan（計画）→Do（実行）→Check（評価）→Action（改善）の4つの段階を繰り返していくのが正しいという理論。

林　PDCAが適切なら、能力そのものもアップしていくはずです。資質がそなわっているか否かでなく、資質を有効活用して能力を高める努力をすべきですよね？

田代　そうですよ。多くの人がトレードの「練習」をしません。アクセルとブレーキ、それぞれの使い方を練習しようとしない人が多いと思うんです。「ポジションの取り方が重要」と言いましたが、練習によって上手になるはずなんです。

坂本　性格的な問題がなければ（笑）。

田代　それは置いといて（笑）。

坂本　根本の問題として、練習しているつもりが練習になっていないことが多いと思います。

林　練習しているつもりだけど練習になっていない……何が欠けているのでしょう？

坂本　ブレーキがついていない車で練習してるんですよ！　ブレーキのない、走りも不安定なゴーカートで、アクセルをベタ踏みのままステアリングを切っているだけ……1回避け損なえば事故るわけです。控えめに表現すれば、オートマチック車を安易に運転しているだけ、ですかね。マニュアル車に乗って、きめ細やかな操作にこだわってみようよ、と言いたいんです。

田代　林さんのところで提唱している「うねり取り」なんて、練習して上手になるプロセスが、手法そのものに組み込まれているじゃないですか。そういうのが、いいと思うんですよね。

坂本　うちのカリキュラムも、練習という観点を、もっと盛り込みたいですねえ。

林　さっきYEN蔵さんが、「すぐに銘柄を聞きたがる」って言いましたよね。でも、「銘柄情報なんて求めていない。手法を探してるんだ」と考える人もいて、すでに正しい軌道に乗っていると思いたいのですが、そうでもなかったりするんです。ちょっとグチを言ってもいいですか？

田代　どうぞどうぞ！

林　インタビュー集の第一弾『億を稼ぐトレーダーたち』は、業界の内部でけっこう評判がよかったんですよ。

田代　グチじゃなくて自慢？（笑）

林　いやいや、一般の読者の中に、強烈に批判する人がいたんですよ。完全に〝クソ本〟扱い。

坂本　われわれ実践家が「面白い！」と思うような話、相場の機微に触れることが並んでいるかわりに、「今日読んで、明日から儲かる」方程式がないからですかねぇ……。

林　たぶん、そんなところです。あと、インタビューなのに「裏付け調査をしたのか！」なんて攻め寄られても……。多くの人は、せっかく「手法」という発想に行き着いても、〝打ち出の小槌〟を想像するのが限界なのかもしれません。

坂本　アクセルの踏み方だけなんですね。

林　お二人の話を聞いて、デイトレードを否定する度合いが小さくなったので、あえて話を振りますが、デイトレードの場合は短期間で練習量が多いのかもしれませんね。

坂本　ただし、何を練習するかです。デイトレードにおけるブレーキの踏み方は、「同値で逃げること」なんですよ。

２００円で買った、上がらない……そのときに、買い値と同じ２００円で投げることができたら大成功です。だって、取引コストは抜きの計算ですが、同値で投げて現金化できれば、うまくいったときの利益がそのまま残ります。まあ、これが難しいのですが、見込み違いの際に投げること、上手に転ぶことが最良の練習なんです。

林　柔道は、投げられたときの受け身からスタートしますよね。スキーだって、立ち方と転び方を最初に習うかな？　相撲もそうだって最近知りましたよ。体が大きい分、ヘンな転び方をしたら大ケガをしちゃう。

田代　トレードの練習は、シミュレーションできる部分もたくさんありますよ。実体験が一番だけど、「ポジションの取り方」ならばチャートを見ながら考えることが可能です。〝タラレバ〟を言うだけの、銘柄選びのシミュレーションをする人が多いんですけどね。

坂本　積み上げていくことを考えて、学校の５教科でどれが最もトレードの技術向上のプロセスに近いと思いますか？

林　５教科ってなんでしたっけ？（笑）

それを無視して私が思い浮かべるのは「体育」ですね。運動に必要なのは、単純な基礎の反復練習ですから、「仕掛けて手仕舞いする」という行動と同じイメージです。

坂本　教科としての体育は、内容がどんどん変わってしまうから、林さんの答えはハズレ（笑）。

あっ、同じ運動でも「部活」ならアタリですけど。教科で正解は「英語」、要するに語学です。理科や社会のように、丸暗記で点数を取れるものは、トレードとは結びつきません。英語は、文法を理解してフレーズを覚え、実際に使ってみて通じたときに自信がつきます。「このフレーズ、オレのもの！」って感覚が生まれます。こんなプロセスを積み重ねていく部分が、トレードの練習と同じだと思うんですよ。

林　技量、練習という概念がないから、うさんくさい広告につられて銘柄情報を買っちゃうんでしょうね。

坂本　あと、ゴール設定の欠如ですね。

中長期投資の人が、じっくり取り組んだ結果、５％の評価益を生んでいたとします。その方法を高めるべく練習する、研究する、そうした一貫性のある行動を支えるゴール設定がないと、ハデな宣伝文句に流されますよね。

例えば、きなくさい銘柄が、同じ期間で60％も上昇している状況を見たら、ついフラフラと吸い寄せられちゃう。そして買ってみたら、わずか１日で５％上昇……どうなりますか？　「オレが苦労した５％が、たったの１日かよ」とショックを受けながらも舞い上がります。

林　ですよね。

坂本　でも、そこが天井で下げ始める。20％下がる。「オレは中長期投資だから」とやせガマンしてポジションを維持しているうちに、上げ相場が〝いってこい〟して約40％のマイナス……。

田代　自分が考えていなかったことをやっちゃうから……浮気はダメだってことですよ。

坂本　そもそも、ちゃんと試行錯誤を繰り返す覚悟がないのかもしれません。ファンドマネージャー時代の上司から、こんなことを言われました。「20個のアイデアがあって、1つだけ機能したらスゴいことだよ。ふつうは、100個に1個あるかどうかだ」。アイデアを探す努力や試す労力を惜しんで、ちまたの情報に頼っちゃう人が多いんです。

林　100個に1個……電球を開発中のエジソンを彷彿させますね。

でも、個人投資家の場合、トレードの研究に費やす時間は限定されるので、ある程度は外の情報に頼ることになります。ただ、広告の出来栄えがいいとか、話が上手なだけでファンを集めているセンセイもいたりして、情報の質を見極めにくいという問題もあると思います。

田代　インターネットのニュースサイトには、信頼性の低い情報がたっぷり入り込んでいるのに、何も知らないまま読んでいる人がいます。

坂本　ネットの掲示板がすべて、なんて人もいます。だから、こういった本、実践家同士の深い会話に価値があるんですよ。

各人のインタビューは、実にわかりやすく、きれいにまとまっているので、やり方を構築するための素材集として使いやすいと思うんです。ただ、淡々と進んでいる分、「今日読んで、明日から儲かる」方程式を探している人は、やはり不満を感じるんでしょうね。

この本をじっくり読んで、正しいゴール設定に取り組んでほしいと思います。各インタビューイの言葉を読み返しながら、自分が取り入れるべき情報をピックアップする、そんな姿勢をもてば、本の代金の数千倍、数万倍、いや、数十万倍の利益を上げることができるかもしれません。

林　でも、そういった人たちは、巻末に収録されるこのトークにたどり着く前に、読むのをやめて捨てちゃうと思うんです（笑）。

トレードには、守るべき原則がある。日常生活からは想像できない極端な値動きがあるとはいえ、マーケットが経済の一部である以上は一般的な常識で説明できる。だが、「こうすべき」という具体的なカタチはない。自らの感性や感覚で、「確信ある自分流」をつくり上げるしかないのだ。

ゴール設定と一定の知識、技術を高めるための練習——。読者の一人一人が、トレードそのものだけでなく、向上していく自分の姿を観察することを楽しんでほしいと願う。

林 知之

著者プロフィール

林 知之
はやし・ともゆき

1963年生まれ。幼少のころより投資・相場の世界に慣れ親しみ、株式投資の実践で成果を上げながら、独自の投資哲学を築き上げた。

現在は、投資顧問会社「林投資研究所」の代表取締役。中源線建玉法、FAI投資法を中心に、個人投資家への実践的なアドバイスを行っている。

また、投資助言、投資家向けセミナー等を精力的に行うかたわら、投資情報番組「マーケット・スクランブル」のコメンテーターも務めている。

林投資研究所の創設者である故・林輝太郎は実父。

主な著書に『億を稼ぐトレーダーたち』『うねり取り株式投資法 基本と実践』(マイルストーンズ)、『これなら勝てる究極の低位株投資』(パンローリング)、『入門の入門　中源線投資法』『ブレない投資手法　曲げない投資哲学』(林投資研究所)などがある。

凄腕ディーラーの戦い方
億を稼ぐトレーダーたちII

2017年11月30日　初版第1刷発行

編著者 …………………… 林 知之

発行者 …………………… 細田聖一
発行所 …………………… マイルストーンズ合資会社
164-0011 東京都中野区中央1-4-5
http://www10.plala.or.jp/milestones/
発売所 …………………… 丸善出版株式会社
101-0051 東京都千代田区神田神保町2-17
電話 03-3512-3256
http://pub.maruzen.co.jp/
装幀 …………………… 合同会社菱田編集企画事務所
印刷所 …………………… 大日本印刷株式会社

ISBN978-4-903282-04-6 C0033